LUC NOËL RACONTE

Mon jardin au fil des saisons

Regards d'un amoureux de la nature

ALICE ÉDITIONS
LA LIBRE BELGIQUE

Coordination éditoriale : Laurence Waterkeyn.

Dépôt légal : D/2001/7641/16
ISBN 2-930182-55-5
Imprimé en Espagne.

À votre avis, combien de jardins compte la Belgique ? Si ces espaces étaient autant de pièces de puzzle, les passionnés qui assemblent ces petits cartons ont un défi à la mesure de leur patience : un paysage d'un million de pièces ! Des grandes, des petites, des étroites, des ternes, des bariolées... Difficulté supplémentaire par rapport aux habituels puzzles de villages tyroliens : la grande photo des jardins belges s'embellit d'année en année.

Nos jardins sont en pleine évolution. La pelouse et la haie de thuyas cèdent le pas devant les plates-bandes fleuries, les mares et bien d'autres nouveaux aménagements. Les foires de jardinage qui attirent des foules, les files devant les jardins privés ouverts au public le temps d'un week-end, l'apparition de nouveaux supports d'information sont autant de signes supplémentaires d'une mini-révolution.

Jardiner, ce n'est plus entretenir une surface pour la maintenir conforme aux critères usuels de propreté paysagère. Tondre la pelouse, enlever les herbes indésirables ne sont plus des corvées du samedi. La raison se transforme en passion et voici qu'on ne compte plus les heures consacrées à l'aménagement du jardin. Simple phénomène de mode ? Absolument pas. Notre présence côté jardin est conditionnée par ce que nous vivons côté cour. Espace de paix dans un monde de stress, lieu d'harmonie dans un environnement agressé, occasion de création personnelle dans une société uniformisée, le jardin est une source de bonheur à portée de main. Ne serions-nous pas en train de mettre en pratique le vieux proverbe chinois :

Si tu veux être heureux une heure, enivre-toi,
Si tu veux être heureux un an, marie-toi,
Si tu veux être heureux toute ta vie, fais-toi jardinier... ?

Janvier

Bonne année, bonne santé ! Dès la première seconde du nouveau millésime, nos bisous sonores ont accompagné les douze coups des horloges. Témoin privilégié de nos embrassades et souhaits : le gui enrubanné qui orne la maison en fête. À moins d'avoir la chance de posséder au jardin un vieux pommier qui a accueilli, bien malgré lui, une boule de gui, c'est chez le fleuriste ou sur les pavés du marché que nous avons trouvé les brindilles vertes suspendues à la porte d'entrée ou au lustre du salon.

Pourquoi plaçons-nous du gui dans nos maisons dès qu'approchent les fêtes de fin d'année ? Le gui était autrefois au cœur des cérémonies gauloises qui célébraient le solstice d'hiver. Ces fêtes se déroulaient dans un état d'esprit bien particulier. En décembre, depuis de longues semaines, les jours ne cessent de raccourcir tandis que le froid règne sur une nature au repos. Et si le printemps ne revenait pas ? Le monde sombrera-t-il à jamais dans les ténèbres ? Tandis que l'hiver semble avoir tué la vie, il est un arbuste couvert de feuilles et de baies blanches, perché dans un arbre nu. Le gui est un grand symbole de renouveau fertile.

Les druides grimpaient dans les chênes pour prélever du gui à l'aide d'une serpe d'or. On se répartissait ensuite les brindilles pour en faire des talismans portés au cou. Ils conjuraient la puissance des forces infernales qui pourraient bien investir la terre et faire durer éternellement l'hiver. Symbole d'immortalité, de lumière, de force et de sagesse, rempart contre les puissances des ténèbres, le gui est aujourd'hui coupé de ses racines. Il n'est plus que signe d'amitié et présage de bonheur quand on s'embrasse sous ses branches. Ne nous en privons pas pour autant. Bonne et heureuse année au jardin !

Semi-parasite. Chaque boule de gui est en fait un arbuste semi-parasite vivant aux dépens de l'arbre qui l'accueille. Si ses racines prélèvent bien de la sève brute dans les tissus de l'arbre, le gui effectue lui-même la transformation de cette sève en substances nutritives. La photosynthèse, il connaît. Il faut dire que le gui est une plante extraordinairement douée pour capter l'énergie solaire. Le bois, les feuilles, les jeunes baies et même l'embryon au cœur de la graine sont verts de chlorophylle. Pourquoi le gui est-il toujours couvert de feuilles, même en hiver ? Les feuilles restent en place durant un an et demi. Elles apparaissent en avril pour tomber au mois d'août de l'année suivante. La vieille génération de feuilles cohabitant durant quelques mois avec la nouvelle, l'arbuste n'est jamais dépourvu de parure !
Encore une caractéristique étonnante : le gui prélève la sève dans la branche à l'aide de racines qui poussent à reculons ! Normalement, plus un arbre grandit, plus ses racines s'étendent profondément. Le gui est obligé, lui, de tenir compte de la croissance de son hôte. La sève qu'il pompe circule dans le bois jeune, juste sous l'écorce. Or, l'arbre produit chaque année une nouvelle couche de bois et grossit ainsi d'un nouveau cerne. Les racines du gui doivent donc suivre le mouvement sous peine de perdre le contact avec la couche nourricière et de voir le gui englobé progressivement par l'arbre. Voilà pourquoi les racines poussent non par leurs pointes mais bien par leurs bases.

Inutile d'espérer qu'il reprenne racine. Le sapin qui nous a accompagnés durant les fêtes a beau posséder une motte, je ne parierais pas un franc sur ses chances de survie. Réduite à un pauvre moignon, la masse racinaire n'aura même pas permis une réhydratation de l'arbuste. Malgré les arrosages, le conifère perd ses aiguilles par dizaines dès qu'on le frôle. Pour que les promesses de reprise des vendeurs se réalisent, il faut une large motte avec de fines radicelles bien entourées de terre. L'arbre doit aussi séjourner au frais, loin des sources de chaleur. La destination de notre sapin de Noël est donc toute désignée : le broyeur. Réduites en fins copeaux, les branches rejoindront le tas de compost.

Notre broyeur est un outil merveilleux. Outre le sapin de Noël, il avale les tailles des haies et des arbustes, les troncs charnus des choux, les tiges sèches des plantes vivaces... Grâce à lui, jamais un feu n'a dû être allumé au jardin pour éliminer des déchets végétaux. Mais toute médaille a son revers : un broyeur coûte cher. L'investissement n'est même guère rationnel pour un jardin de petite taille. Mais le dialogue par-dessus la haie peut changer les données. Ainsi, notre broyeur est régulièrement utilisé par le voisin. En contrepartie, nous utilisons sa débroussailleuse. Pourquoi faut-il que chaque jardinier consente de grosses dépenses alors que les frais peuvent être partagés ?

En Allemagne, des serres tunnels d'une surface équivalente à plusieurs petites serres en aluminium sont cultivées entre voisins. Non seulement le mètre carré de serre revient bien moins cher mais le large volume permet aussi de mieux contrôler les conditions de culture et les parasites. Et puis, la serre devient un lieu de rencontre convivial...

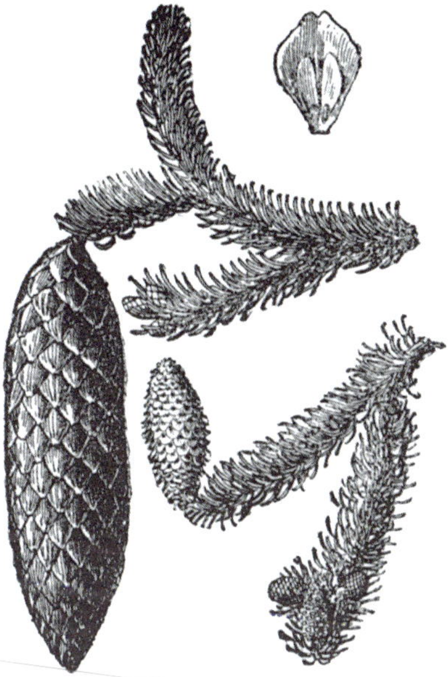

Dans le sens des fibres. Pour éliminer leurs déchets verts, des jardiniers privilégient le feu. Comme certaines communes appliquent scrupuleusement le code rural, qui interdit d'allumer des feux à moins de cent mètres des maisons, ces personnes utilisent alors des brûle-tout en tôle, vendus dans les jardineries. Conséquence : une fumée dense qui peut être la cause de troubles de voisinage. Mais le feu n'est pas une bonne manière de gérer les débris végétaux : nous avons besoin d'humus pour notre jardin. Aussi, privilégions le compost où les branches peuvent être incorporées après avoir été déchiquetées. Beaucoup de modèles de broyeurs à branchages comportent un disque horizontal avec des couteaux. À la manière des tranches de saucisson, on crée ainsi des tronçons qui ne se compostent pas toujours facilement. Les machines avec des couteaux sur un axe perpendiculaire au sens d'introduction des branches produisent des copeaux selon le fil du bois. La décomposition est plus rapide et plus efficace.

C'est une vieille habitude. Début janvier, je sème des choux-fleurs et des choux brocolis hâtifs qui, repiqués dans la serre, sont récoltés en mai, juste à temps pour céder leur place aux tomates. Durant des années, la terrine de semis fut placée sur une tablette de fenêtre, à l'intérieur de la maison. Le résultat ne fut jamais parfait. Si le radiateur tout proche garantissait une douce chaleur, les jeunes choux avaient toujours tendance à filer, faute d'une lumière bien répartie.

J'ai fini par renverser le problème. Dans la serre, la lumière est parfaite, mais il manque la chaleur. Fournir celle-ci fut tout simple. Les parois latérales et le fond d'un bac d'une dizaine de centimètres de profondeur furent isolés avec du polystyrène expansé. Le bac fut ensuite rempli de sable

blanc. Dans cette masse de sable, j'ai placé un câble électrique chauffant qui sert à éviter le gel des canalisations d'eau. Ses circonvolutions permettent de répartir la chaleur de manière homogène.

Sur le bac, j'ai ensuite construit une couche en PVC translucide. Un thermostat de récupération permet d'éviter les catastrophes. Il coupe l'alimentation électrique dès que le soleil apparaît et fait grimper le mercure du thermomètre au-delà de vingt degrés.

Cette couche chaude, semblable, dans le principe, à celles que nos grands-pères plaçaient sur une masse de fumier de cheval pour recueillir les calories de la fermentation, est une grande source de bonheur. Même s'il gèle à pierre fendre, elle me donne la joie de semer et de repiquer les choux mais aussi les aubergines, les poivrons, les tomates et bien des fleurs annuelles. L'année dernière, les pétunias furent de toute beauté. Cette année, je brûle d'envie de semer une mini-collection de tabacs d'ornement.

En pratique. S'il est bien sûr possible de bricoler soi-même une telle couche chaude, la solution la plus simple est d'équiper une couche du commerce vendue en kit. La structure en aluminium à assembler et les parois de verre garantissent une belle longévité. Quatre planches de dix centimètres de large constituent une base aux dimensions de la couche. Elle peut être isolée avant de recevoir le sable et le câble chauffant. Du câble et des thermostats spécialement destinés à cet usage sont disponibles dans les jardineries. La norme pour un bon résultat : 75 watts par mètre carré. Le sable doit être maintenu humide pour une bonne répartition de la chaleur.

Avec ces averses hivernales ne cessant de se succéder, le jardin ne ressemblait plus, sous cette triste lumière grise, qu'à une éponge gorgée de pluie. Aussi, la semaine dernière, je fus heureux de revoir le givre. Durant la nuit, chassées par le vent, de fines gouttes de brouillard se figent en glace sur le moindre obstacle froid qu'elles rencontrent. Même des éléments aussi fins qu'un crin de cheval prisonnier d'une clôture ou une toile d'araignée tissée entre deux buissons peuvent s'orner de petites perles luisant au soleil.

En Angleterre, les jardiniers rechignent à enlever dès l'automne la végétation séchée des plantes vivaces qui composent leurs plates-bandes. Pour différentes raisons. Tout d'abord, conservation de la nature oblige, les tiges creuses peuvent abriter des insectes en hibernation. Ensuite, l'eau de pluie s'engouffrant dans les tiges recoupées pourrait gagner les racines et provoquer des dégâts. Enfin, quoi de plus beau qu'un jardin d'herbes sèches surpris par le givre…

Des jardiniers privilégient même certaines plantes dans l'attente des jours blancs. Les vestiges des cardons décoratifs, des hortensias, des monardes ou du fenouil sauvage sont autant de tiges fleurissant une nouvelle fois.

Le givre se déposant surtout sur le bord des feuilles, plus froid que le centre, les limbes du houx, du mahonia ou du lierre s'ornent de fins ourlets de glace. Quand il se fixe sur les petits poils qui couvrent les feuilles de la sauge, de la bugle ou des fraisiers, le givre transforme la verdure en fin velours. Enfin, les longues feuilles givrées de l'herbe de la pampa ou des roseaux scintillent sous le soleil. Debussy nous fait apprécier le jardin sous la pluie. En hiver, je l'aime plus encore sous le givre.

Un jardin sibérien. Les jardiniers de jadis utilisaient parfois une technique un peu particulière pour protéger des gelées printanières les bourgeons des arbres fruitiers. Lorsque le gel survenait, ils aspergeaient la ramure des arbres à grands jets d'eau. Cette eau gelait aussitôt, entourant les bourgeons d'un cocon de glace. Sous cette gangue à 0° C, les bourgeons restaient à l'abri des températures plus basses. Ce petit truc peut aussi être utilisé pour décorer le jardin. Aspergés régulièrement d'eau lors de grands gels, les arbres et arbustes se transforment en statues de glace. Mais attention : sous le poids de la glace, des branches risquent de se briser. Pour quelques jours de beauté absolue, tout est une question de mesure…

Depuis plus de vingt ans, j'élève des abeilles. Une ruche est placée au jardin pour avoir le plaisir de contempler à tout moment le va-et-vient des butineuses. Le reste du rucher est installé parmi les orchidées sauvages d'une pelouse calcaire à proximité de la maison.

"Vos abeilles dorment pendant l'hiver ?" À cette question, que l'on me pose si souvent, la réponse est non. Les abeilles ne tombent pas dans un profond sommeil léthargique. Elles restent actives durant toute la mauvaise saison. Les apiculteurs ne parlent d'ailleurs pas d'hibernation mais bien d'hivernage. Dès que la température descend au-dessous de huit degrés, les abeilles s'assemblent en une grappe pour se réchauffer mutuellement. Les puissants muscles des ailes sont mis en vibration et produisent ainsi de la chaleur. Température de la grappe : environ 14° C, même s'il gèle à pierre fendre. Il suffit de coller une oreille contre la paroi de la ruche pour entendre le bruissement continu des abeilles. C'est le miel accumulé durant la bonne saison qui constitue le carburant de la production de chaleur.

Dès qu'une belle journée chaude permet le relâchement de la grappe, les abeilles sortent de la ruche et s'envolent. Ce fut le cas à plusieurs reprises durant la semaine dernière. Le but de ce vol n'est pas de se dégourdir les ailes. Les abeilles en profitent surtout pour soulager leur intestin car, durant toute la durée du confinement, elles accumulent dans leur organisme les déchets de la digestion du miel. Les apiculteurs appellent ces vols hivernaux "les vols de propreté". Effectivement, gare au linge qui sèche ou aux voitures qui reviennent de la station de lavage : il faut parfois tout relaver.

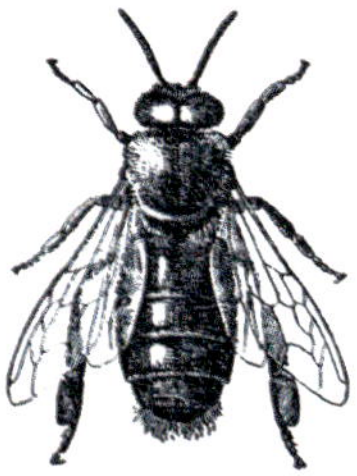

Momies en sous-sol. Durant l'hivernage, les abeilles rongent les couvercles de cire qui protègent leurs provisions. Ces débris s'accumulent sur le plancher de la ruche en une masse compactée par l'humidité. Profitant d'une belle journée de fin d'hiver, les apiculteurs inspectent les ruches. Ils profitent toujours de cette première visite de la nouvelle saison pour racler le plancher.
Ce nettoyage est parfois l'occasion de découvrir le cadavre d'un petit rongeur complètement momifié. Le mulot ou le campagnol qui s'était introduit dans la ruche a été tué à coups de dards. Mais les abeilles n'ont pu évacuer le cadavre beaucoup trop lourd pour elles. Elles l'ont donc recouvert de propolis, leur mastic végétal aux propriétés antiseptiques.

Cette semaine, j'ai semé des coquelicots. Ce pied de nez à l'hiver ne m'a pris que quelques minutes. Pas besoin de grands travaux de préparation du sol : les minuscules graines sont simplement répandues à la volée sur un bout de plate-bande net d'herbes indésirables. Un passage des doigts en guise de râteau, un petit tassement avec le dos de la main et le tour est joué.

Pourquoi ne pas attendre le semis en terrines des plantes annuelles, en mars ou en avril ? Parce que les graines de coquelicots aiment subir le gel et l'humidité. Comme s'il devait se rapprocher des conditions naturelles, un semis hivernal permet d'obtenir une germination plus abondante.

Je sème simplement des graines de notre coquelicot indigène récoltées au bord d'une route au hasard des promenades, mais les catalogues des grainetiers proposent d'autres merveilles. Comme souvent, la vénérable maison Thompson & Morgan bat tous les records avec plus de vingt variétés. Il existe ainsi des lignées aux couleurs pastel. Certains pavots somnifères aux fleurs doubles portent tant de pétales qu'ils ressemblent à des pivoines. Parmi les nouvelles variétés : un pavot d'Orient vivace aux délicates corolles rose corail.

Mes coquelicots devraient germer à la mi-mars. Mais je ne suis pas à l'abri de surprises. Les graines ne daignent pas toujours se réveiller l'année du semis. Comme elles conservent leur faculté germinative durant plusieurs dizaines d'années, les plantules peuvent donc apparaître ce printemps, l'année prochaine ou dans quinze ans. Dans un jardin qui cultive une part de sauvagerie, ce n'est pas un gros problème. Avant d'arracher les plantules qui envahissent une plate-bande, il faut simplement se rappeler qu'on y avait semé un jour des coquelicots…

11 novembre. En Angleterre, le coquelicot occupe une place toute particulière. Cette plante est intimement associée à la première guerre mondiale. C'est elle que l'on arbore lors des cérémonies de commémoration. À Ypres, les familles déposent un petit coquelicot de papier auprès du nom de leur parent gravé dans la pierre de l'immense mémorial dédié aux victimes britanniques. Quelle est l'origine de cette symbolique ? Lorsque le pilonnage incessant des artilleries ne laissa plus qu'un paysage de mort absolue, les soldats anglais virent, depuis leurs tranchées, fleurir des nuées de coquelicots. Les obus avait mis à jour des graines enfouies. La beauté revenait couvrir un sol où plus rien ne semblait pouvoir pousser.

En pratique. Thompson & Morgan,
Poplar Lane, Ipswich Suffolk, IP8 3BU England.
Tél. : 00 44 1 473 69 52 25.
Site internet : www.thompson-morgan.com

Dès les premiers froids, des chardonnerets visitent le jardin. Par groupe de deux ou trois, ils se posent d'abord dans le vieux cerisier du Japon. Puis, d'un coup d'aile, les voici perchés sur les fleurs séchées des cardères dont ils extraient patiemment les graines. Observer durant de longues minutes l'un des plus beaux oiseaux de notre faune n'est pas la seule joie offerte par cette plante sauvage. Au mois de juillet, les hampes florales peuvent dépasser deux mètres de haut et s'ornent de capitules aux floraisons d'un bleu lumineux. Pour le bonheur des bourdons, papillons, syrphes et autres insectes butineurs.

Pour donner à la cardère une place privilégiée dans nos parterres, nous avons récolté des graines dans la nature. Simplement semées en automne sur le sol nu, elles ont donné naissance, au printemps suivant, à des plantules formant vite des rosettes reconnaissables aux petites pointes piquantes qui ornent le dessus des feuilles. L'été venu, les rosettes restent rosettes, sans tige ni fleurs, car la cardère est une plante bisannuelle. Avant de fleurir, elle accumule des vivres dans sa racine et brave un hiver. Dès le mois de mai suivant, chaque rosette forme une tige centrale, puis des pousses latérales portant les floraisons.

D'où vient le nom "cardère" ? Les épines qui garnissent les fleurs sont terminées par un petit crochet. Aussi, autrefois, les fleurs séchées étaient assemblées sur un support muni d'une poignée. Avec cet instrument, les tisserands cardaient les draps. Pourquoi appelle-t-on cette plante "cabaret des oiseaux" ? Les bases des feuilles, soudées deux par deux autour de la tige centrale, forment de petites écuelles qui se remplissent d'eau à chaque averse. Aux oiseaux, la cardère offre ainsi à la fois à boire et à manger.

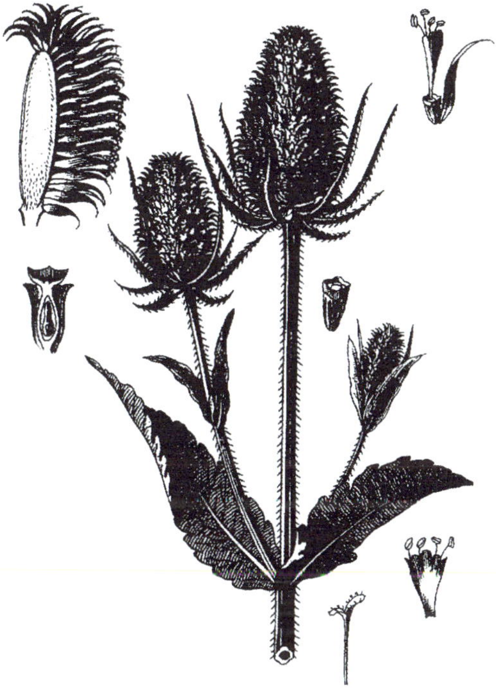

Un hosta contre une cardère. Pour un jardinage sans grands budgets, les bourses d'échange de plantes sont des destinations à ne pas négliger. Dans une ambiance conviviale, nous pouvons y rencontrer de véritables passionnés. Certains se sont spécialisés dans un genre bien précis : les ancolies, les géraniums vivaces, les hostas... Forts de leurs expériences, ils n'hésiteront pas à nous aider dans nos recherches et à nous prodiguer de bonnes astuces. Comme les bourses d'échange fonctionnent sur le principe du troc, nous pouvons y apporter le surplus de nos semis et bouturages. En échange d'un hosta à grandes feuilles bleues, nous pourrions choisir un géranium ibérique, une digitale à fleurs jaunes ou... une cardère.

Février

Si vous possédez un vieil arrosoir en tôle galvanisée, ne le jetez pas. Même s'il est troué. Rouillé et cabossé, après vingt ans de bons et loyaux services entre les poireaux nouvellement repiqués, les jardinières aux fenêtres et les tomates de la serre, votre arrosoir peut connaître une nouvelle vie. Pourquoi ne pas le disposer au détour d'une allée, comme s'il avait été oublié par un jardinier distrait ? À moins qu'il ne prenne place à côté d'une potée d'annuelles ou parmi les plantes d'orangerie de la terrasse.

À la télévision, dans les livres et revues de jardinage, de vieux arrosoirs apportent une touche de jardin de grand-mère dans les décors fleuris. L'idée fait son chemin. Voici que des brocanteurs ont flairé l'aubaine et surveillent les parcs à conteneurs. Dans les foires de jardinage, leurs stands présentent une foule d'objets sauvés de la ferraille : des arrosoirs mais aussi des seaux, des bassines, des abreuvoirs pour volaille…

Cet engouement pour les arrosoirs n'est pas une simple mode passagère. C'est là une expression de notre profond désir de nous entourer de beauté. Le jardin n'est plus seulement un havre de verdure et de floraisons. Il devient aussi un cadre où peut se développer un certain sens de la décoration. Les teintes chaudes des poteries sont mises en valeur tandis que des objets prennent place sur la terrasse ou en bordure des sentiers. Une oie en plâtre peint, une grenouille en fonte ou une brosse à chaussures en forme de hérisson donnent vite au jardin un petit air de campagne anglaise. Mais il ne faut pas nécessairement dépenser beaucoup d'argent pour créer une ambiance. Un simple potiron, trois noix, une pomme de pin et une petite pelle à main suffisent pour habiller la table du jardin.

Un arrosoir qui dure longtemps. Une pomme d'arrosoir très fine est précieuse au jardin. Elle permet de créer une pluie douce qui n'abîme pas les plantes tout en assurant une bonne humidification. Mais les trous d'une telle pomme risquent d'être vite bouchés. Après chaque usage, il faut donc retourner son arrosoir pour éviter que des poussières ou de la terre n'y tombent. Le reste d'eau s'écoulant, des algues ne se forment pas dans l'eau stagnante. Cette petite attention permet aussi de prolonger la vie d'un arrosoir en métal que l'acidité de l'eau ronge au fil des ans.

Fin janvier, j'ai semé des radis en pleine terre, sous la serre. Une simple feuille de plastique déployée sur le semis limite, durant la nuit, le refroidissement du sol. Malgré le gel et la neige apparus au jardin, les graines toutes rondes n'ont pas tardé à réveiller la vie qui dormait en elles. Après quelques jours, de verts cotylédons sont apparus et les radis développent maintenant leur feuillage.

Semer des radis, même aussi tôt, ne présente aucune difficulté. Ce légume est parmi les plus aisés à cultiver. Pour ne pas provoquer une déception, ce sont des graines de radis qui doivent être confiées à un enfant qui veut semer son petit lopin. Le seul grand problème avec les radis est la distraction : il ne faut pas oublier d'en semer régulièrement.

Les radis d'un semis arrivent à maturité presque tous en même temps. Si nous semons en une seule fois les 1 200 graines contenues dans un sachet de 10 grammes, nous nous trouverons face à une masse de radis qui ne nous attendra guère. Très vite, les racines se creusent ou durcissent. Aussi, c'est chaque semaine que nous devons semer une pincée de petits grains ronds. En choisissant d'abord une variété hâtive à forcer pour les semis en serre, ensuite une variété ronde lente à se creuser pour les semis de la belle saison au potager, puis une variété longue pour l'automne et, enfin, une variété d'hiver qui se conservera en silo, nous pourrons consommer des radis durant toute l'année. Encore heureux que les radis peuvent être râpés, confits dans du vinaigre à la manière des pickles ou sautés dans un peu d'huile, et que leur feuillage peut se transformer en soupe : avec une telle disponibilité, nous serions vite fatigués des radis au sel qui feront bientôt notre joie.

De l'eau, de l'eau. Les radis sont les victimes privilégiées de l'altise, un minuscule insecte sauteur. Dès que les feuilles succèdent aux cotylédons, ce coléoptère, qui troue la verdure à belle allure, peut détruire la culture. Pour éviter ces ravages, le plus simple est de maintenir sol et feuillage humides. L'arrosage régulier permet aussi de récolter des radis moins piquants.

Le petit truc : il faut arroser abondamment le soir pour récolter le lendemain matin des radis à la saveur bien douce.

Une dame me dit un jour, avec une moue qui traduisait une certaine répulsion : "Monsieur Noël, dans vos émissions, comment pouvez-vous sans cesse plonger vos mains nues dans le sol ! Moi, au jardin, je ne travaille qu'avec des gants !" Pauvre jardinière qui n'aime pas la terre. De peur d'accroître son ressentiment, je ne lui ai pas avoué que j'ai également une tendresse particulière pour les lombrics. Il m'arrive souvent de les prendre en main pour les observer ou pour les déposer un peu plus loin, afin de ne pas les écraser durant mon travail.

Enfant, j'ai un jour longuement observé un jardinier en train de bêcher. Chaque fois qu'un ver de terre apparaissait à sa vue, il le tranchait d'un coup de bêche. "Comme ça, il

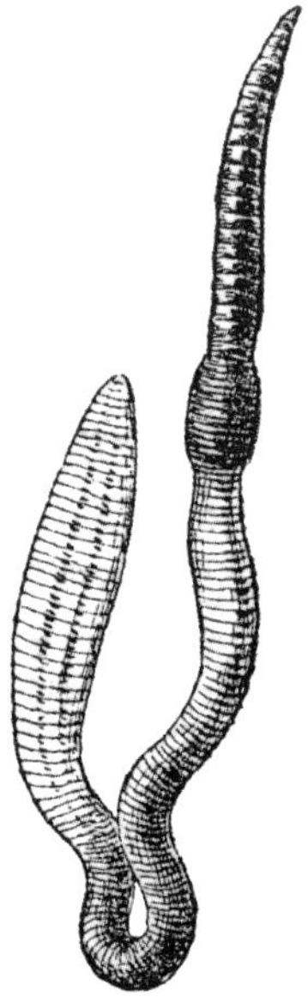

y en aura deux", m'avait-il expliqué. Ainsi, les lombrics pouvaient se multiplier par simple tronçonnage ? À voir les deux demi-vers se tortiller en tous sens, j'en ai douté dès le premier instant. De fait, les vers de terre ont bien un devant et un derrière. Lorsqu'on les coupe en deux, la partie qui contient la tête pourra peut-être survivre, mais l'autre est inexorablement vouée à la mort.

Non seulement les vers de terre ont un devant et un derrière mais ils ont aussi un dessus et un dessous. Quand on passe le doigt sur un ver de terre, on peut sentir les soies qui sont disposées sur la face ventrale. Ces poils sont incurvés vers l'arrière et permettent au lombric de s'agripper pour progresser. Voilà pourquoi les merles qui chassent les lombrics sur la pelouse ont parfois bien du mal à extraire un ver de terre de sa galerie.

Combien de lombrics vivent dans nos jardins ? On considère qu'ils sont 2 500 000 à l'hectare. Comme mon jardin a une superficie de 20 ares, j'abrite donc 500 000 lombrics. J'en suis 500 000 fois heureux.

L'anneau magique. Les lombrics sont hermaphrodites. Chaque individu possède les deux sexes. L'avantage : le premier venu fait l'affaire. Il suffit de rencontrer n'importe quel autre lombric pour que la reproduction soit possible. Les lombrics s'allongent côte à côte et se couvrent de mucus. Chaque ver de terre agit alors en tant que mâle et dépose des spermatozoïdes dans une poche de son partenaire. Après la séparation, chaque lombric agit en femelle. Il libère ses ovules qui sont entraînés au passage par un anneau de mucus sécrété par cette zone plus renflée que les lombrics possèdent au milieu du corps, le clitellum. Lorsque l'anneau de mucus atteint la poche à spermatozoïdes, la semence de l'autre lombric est répandue et féconde les ovules. L'anneau de mucus est alors libéré du corps et il se referme à chaque bout, formant un cocon où les œufs vont se développer durant plusieurs mois.

Grande nouvelle : une hermine visite le jardin ! C'est mon épouse qui l'a aperçue la première par la fenêtre du petit salon. Un trait blanc a traversé à petits bonds l'espace devant la maison. Il était suivi d'une longue queue terminée par un pinceau de poils noirs. Aucun doute n'était possible : cette blanche livrée est celle de l'hermine. Un second petit carnivore de nos régions peut ainsi être inscrit sur la liste des animaux sauvages déjà observés au jardin. Nous avions déjà surpris une fouine visitant le poulailler à la tombée de la nuit, voici maintenant la venue de la reine de la blancheur : durant l'hiver, l'hermine troque son pelage brun de l'été contre une tunique couleur de neige.

Les hermines chassent leurs proies sur un territoire si vaste qu'elles n'en explorent qu'une partie chaque jour. Aussi, nous pensions que dame Hermine était seulement de passage. Pas du tout. Nous l'avons vue et revue, se faufilant au travers du grand parterre ovale. L'hermine, qui peut se rapprocher des maisons durant l'hiver, se serait-elle installée dans une grange ou un vieux mur des parages ? Nous espérons en tout cas la revoir le plus souvent possible, car des campagnols sévissent au jardin. Les derniers poireaux encore intacts ne vont pas tarder à être rongés à leur tour.

Bien que longue d'une trentaine de centimètres, l'hermine est capable de se faufiler dans un trou de quelques centimètres de diamètre. Elle s'introduit ainsi dans les galeries afin de pourchasser sous terre les grignoteurs de racines. Ses premières proies sont les femelles gestantes qui se sauvent moins rapidement. Une hermine peut donc jouer un rôle important dans la limitation des populations de campagnols. Nous comptons vraiment sur son aide.

Ne bougeons plus. On pense souvent que pour observer beaucoup d'animaux, il suffit de chausser ses bottes et de parcourir les campagnes, les jumelles au cou. En fait, de cette manière, on crée le vide autour de soi au fur et à mesure que l'on avance. On a beau se vouloir le plus discret possible, les animaux ont l'ouïe fine, vous repèrent de bien loin et ont déjà pris la clé des champs lorsque vous arrivez. Installez-vous plutôt confortablement en un endroit dégagé et attendez patiemment. Les animaux qui s'étaient cachés à votre venue, ne vous entendant plus, vont reprendre leurs activités. Ne pensez pas qu'ils vont à nouveau fuir dès qu'ils vous verront. Les oiseaux et les mammifères sont très sensibles au mouvement qu'ils repèrent de loin. Mais si vous restez parfaitement immobile, vous devenez pour eux aussi inoffensif qu'une vieille souche. C'est ainsi qu'on peut vivre de tout près la chasse du merle, le repas de l'écureuil ou la toilette de l'hermine.

Quels souvenirs gardons-nous du temps qu'il fait ? Quand nous avons le sentiment que des pluies diluviennes établissent le record du mois le plus détrempé du siècle, les climatologues interrogés à la télévision ont toujours un petit sourire au coin des lèvres. À nos impressions, ils opposent des statistiques. Les chiffres des mesures effectuées à l'Institut météorologique d'Uccle depuis tant de décennies peuvent nous démontrer que notre pays a connu une belle série de pluies encore plus abondantes au fil des dernières années. Nous les avons simplement oubliées. Comme on perd le souvenir de moments pénibles pour ne plus retenir que le beau côté des choses.

Dans ces conditions, comment bien gérer nos travaux au jardin ? La date à laquelle telle ou telle opération doit être effectuée n'est qu'indicative quand nous la découvrons dans des manuels pratiques. De plus, beaucoup d'ouvrages édités en France sont rédigés en prenant le climat de l'Île-de-France pour référence. Quand on habite en Ardenne, impossible de suivre ces indications sans risquer de mauvaises surprises. À l'échelle de la Wallonie, le Brabant wallon a souvent une avance printanière de quinze jours par rapport aux régions situées au sud du sillon Sambre-et-Meuse. En ajoutant à cela notre mémoire du climat si sélective, nous sommes vraiment des pilotes jardinant nos parterres sans visibilité. À moins d'affiner notre connaissance du climat local…

Il est des carnets à la couverture de toile, des agendas, des calepins à la tranche toute brune. Consultés par des mains qui viennent de quitter la terre et les outils, promenés dans une poche de la veste, parfois oubliés au bord d'une platebande dans la fraîcheur de la nuit, ils reçoivent au fil des ans une foule d'indications précieuses. Dates des dernières gelées et dates de floraison d'une série de plantes côtoient des listes d'opérations de jardinage effectuées et les résultats obtenus. Ces carnets sont des trésors d'expérience, des souvenirs précis de jardiniers dont le travail épouse toujours un peu mieux les conditions locales. Le premier janvier est déjà loin mais nous sommes toujours à l'aube d'une nouvelle saison au jardin. Un bon moment pour une bonne résolution. Pourquoi ne pas écrire nos mémoires de jardiniers ?

L'agenda du jardinier. Un petit carnet, quiconque jardine a bien sûr intérêt à lui confier ce qui permettra d'enrichir son expérience au fil du temps. Mais depuis près de vingt ans, Terre Vivante, l'éditeur de la revue de jardinage biologique *Les quatre saisons*, propose un agenda annuel dont les éditions successives constituent déjà une belle petite encyclopédie de jardinage biologique. Conçu pour recevoir au jour le jour mention des travaux réalisés, des résultats obtenus, des observations, il permet aussi de jardiner avec la lune sans oublier les conseils pour les associations de légumes, la succession des cultures, les engrais... Mais la grande particularité de cet agenda est le thème, différent chaque année et décliné au fil des mois à la manière d'un almanach. Chaque millésime est l'occasion d'explorer un nouveau sentier menant les lecteurs jardiniers un peu plus loin dans la connaissance de la nature qui les entoure.

L'agenda du jardinier est diffusé en Belgique par Nature et Progrès, rue de Dave 520, 5100 Jambes.

Tél. : 081 30 36 90.

E-mail : natpro@skynet.be

Les végétaux d'un jardin peuvent être bien plus que des racines, des tiges, des feuilles et des fleurs. Certaines plantes ont une histoire. Un beau jour de mai, dans un jardin ancien débordant de floraisons à la manière des jardins de curé, j'ai croisé une touffe d'iris mauves. Les fleurs, assez petites, étaient déjà bien présentes. Couleur, taille et précocité indiquaient clairement que cet iris n'avait rien de commun avec les grandes variétés aux teintes chatoyantes apparues depuis la dernière guerre. Depuis combien de temps cette ancienne variété poussait-elle là ? Allez savoir ! De divisions de rhizomes en replantations, les trois dernières générations de jardiniers l'ont toujours connue prospère. Aujourd'hui, le petit iris mauve n'est pas prêt de disparaître. Comme par respect pour tous ceux qui l'ont perpétué au fil des décennies, il est l'objet de soins jaloux.

Plus qu'un souvenir, des plantes sont aussi un lien qui nous rattache à un lieu, une époque, un être cher. Au jardin, je conserve précieusement une touffe de joubarbes. Elle provient de la ferme de mon grand-père paternel. L'entrée de la petite cour pavée était flanquée de deux piliers de briques supportant une grille en fer forgé. Sur le sommet de chaque pilier, une dalle de pierre était surmontée d'une demi-sphère composée d'une dense juxtaposition de rosettes de joubarbes des toits.

Enfant, j'étais fasciné par cette masse végétale sans racines. Je grimpais sur le pilier pour la soulever, faisant fuir les cloportes qui se cachaient dessous. Comment ces plantes peuvent-elles vivre seulement d'eau de pluie ? Placées aujourd'hui sur une tuile juste à gauche de la porte d'entrée de la maison, ces joubarbes m'étonnent toujours.

Diviser les iris des jardins. Normalement, les iris sont divisés tous les trois ou quatre ans mais il n'est pas rare de rencontrer de volumineuses touffes ayant plus de dix ans d'âge. Évidemment, au fil des années, la floraison se fait moins luxuriante et les fleurs deviennent plus petites. La division s'impose alors. Elle doit s'opérer relativement tôt dans la saison pour permettre aux nouvelles plantes de bien s'enraciner avant la période hivernale. Les souches sont déterrées à l'aide d'une fourche-bêche qui blesse moins les rhizomes. Avec un couteau bien affûté, les rhizomes à l'extérieur de la souche sont détachés. Chacun de ces rhizomes doit impérativement présenter un ou deux éventails de feuilles. Les feuilles malades, fanées ou pourries sont enlevées. La plantation est effectuée dans un sol renouvelé et enrichi ou, mieux encore, dans une autre partie du jardin. Les vieux rhizomes du centre de la touffe ne sont pas replantés : ils ont fait leur temps.

Dans la plupart des jardins visités par la caméra de "Jardins & loisirs", une pièce d'eau offre de belles images. Des mares se révèlent de superbes petits paysages aquatiques. Aucune pièce d'eau n'est pareille à une autre mais toutes ces réalisations attirent le regard avec la même intensité.

Les petits étangs apportent au jardinier autant de joies que de difficultés. Le pire arrive parfois : des mares se muent en un trou rempli d'eau verte nauséabonde. Il n'est alors pas simple de trouver réponse à ses interrogations car ce secteur est si récent dans le monde du jardinage que les informations sont souvent contradictoires.

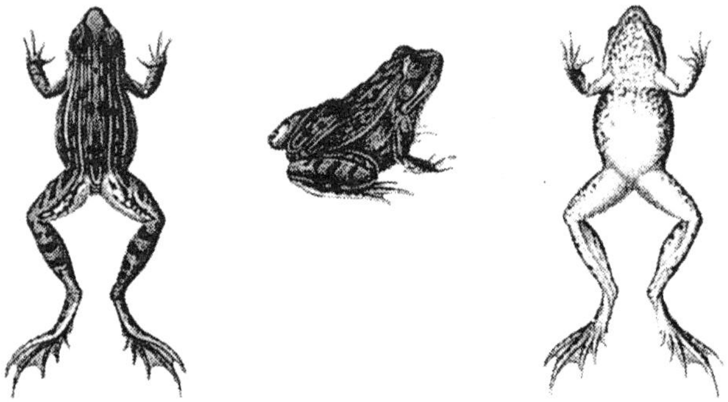

Quel est le problème numéro un ? La surpopulation des poissons. Ils produisent une masse de matières organiques qui favorise le développement d'algues troublant l'eau.

La solution défendue par les vendeurs de matériel est technique : une pompe, un filtre, une lampe à ultraviolets pour tuer les bactéries, des produits à introduire dans l'eau…
La solution proposée par les naturalistes est toute différente : des plantes. Dans la nature, une mare est un éco-

système. Faute d'une pyramide écologique basée sur une végétation aquatique assurant l'oxygénation et la purification de l'eau, la mare ne peut être qu'un grand aquarium artificiel.

Je connais des mares de jardin où l'on peut rester des heures à observer grenouilles, tritons, libellules et tant d'autres petits animaux. Comment sont-ils arrivés là ? Naturellement. Ils ont colonisé la mare au départ d'une zone humide des alentours. Les pièces d'eau dans les jardins peuvent ainsi jouer un grand rôle : offrir à la faune aquatique des refuges qui lui permettent de garder une place dans nos paysages. Et au plaisir de la contemplation, voici que s'ajoute la joie de contribuer à la conservation de la nature.

Une eau claire. Pour obtenir une eau claire, différentes plantes doivent être insérées dans la nouvelle mare. Les plus importantes sont les plantes oxygénantes et les plantes filtrantes. Les plantes oxygénantes les plus performantes sont les *Elodea canadensis* et les *Ceratophyllum demersum*. Pour les filtrantes, le choix se porte vers l'*Hydrocotyle vulgaris* et le *Myriophyllum proserpinacoides*. Pour leur développement, ces plantes ont la capacité de capter les particules nutritives disponibles dans l'eau du bassin, privant ainsi les algues de nourriture et les empêchant de proliférer. Le volume des plantes filtrantes croissant au fil du temps, il est nécessaire de prélever de temps à autre, au râteau, une partie de la masse qu'elles forment. Voilà l'occasion d'alimenter le tas de compost.

Mars

Chaque année, il fleurit en deux temps. Durant le mois de mars, le large forsythia à l'entrée du jardin nous offre quelques-uns de ses rameaux. Disposés dans un pot de grès placé au salon, ils sont actuellement couverts de ces fleurs jaunes dont la seule vue suffit à nous faire oublier la grisaille de l'hiver.

En avril, le jaune du forsythia éclate pour de vrai, sans artifice de jardinier. Le jardin est alors éclairé par cette masse de clarté qui attire sans cesse le regard. Serait-ce parce que nous nous languissons de couleurs, à la sortie de l'hiver, que le forsythia connaît toujours un immense succès ? Celui qu'on appelle aussi le "mimosa de Paris" est une valeur sûre pour les pépiniéristes. Au point de bénéficier de travaux continuels d'amélioration.

Le forsythia venu d'Asie au siècle dernier ne portait guère de fleurs. Les forsythias d'aujourd'hui présentent des floraisons très serrées. Ce ne sont pas des décennies de soins attentifs qui ont permis cette évolution. La patience des sélectionneurs a été détrônée par les rayons gammas. Les nouvelles variétés de forsythias sont nées de mutations provoquées grâce à des irradiations nucléaires.

Jusqu'où iront les chercheurs ? Forts de leur expérience, ils préparent actuellement la production d'un forsythia aux fleurs rouges. Des scientifiques ont réussi à inoculer des gènes d'un muflier à un forsythia qui parviendra ainsi à synthétiser des anthocyanes, des pigments s'étendant du rouge au bleu en passant par le rose. Ce forsythia rouge dûment breveté, je n'en voudrais pas. La nature a produit tant de formes et de couleurs merveilleuses que mon jardin ne peut en contenir qu'une infime partie. Pourquoi s'encombrer d'un forsythia édulcoré ?

Facile et gratuit. Lorsque nous coupons des rameaux de forsythia pour fleurir la maison, nous pouvons mettre de côté quelques branches qui ont poussé l'année dernière. Rectilignes, déjà bien lignifiées, elles vont nous servir à produire de nouveaux forsythias.
Le forsythia se multiplie par bouturage. Il suffit de planter les boutures dans un coin du potager, là où elles ne gêneront pas. Avec une baguette, on crée des trous où sont insérés les rameaux. Ainsi, on n'arrache pas leurs bourgeons lorsqu'on les enfonce dans le sol. Lorsque les boutures seront bien enracinées, les forsythias pourront prendre place au jardin. Ils peuvent aussi être plantés dans les haies.

Dans la couche que parcourt un câble électrique chauffant, substitut moderne du fumier de cheval des anciens jardiniers, mes poivrons développent leur seconde paire de feuilles. Voici maintenant cinquante jours que les graines ont été semées et les plantules repiquées en pot depuis plusieurs semaines n'ont toujours que sept centimètres de haut ! Le poivron, comme son cousin le piment, n'est pas pressé… Quand pourrais-je planter les poivrons en pleine terre sous la serre ? Pas avant la mi-mai. Quand pourrais-je récolter le premier fruit ? Sans doute aux alentours du 21 juillet. Cinq mois et demi après le semis !

Le jardinage est une école de la patience. Il faut 30 jours pour croquer des radis, 80 jours pour savourer des petits pois, 160 jours pour obtenir un poivron, un an pour manger des poireaux, 3 ans pour qu'une haie vive n'ait plus l'allure d'un alignement de baliveaux, 10 ans pour voir les premières noix d'un noyer…

Une graine de haricot a toujours besoin de cinq jours pour germer, mais le rythme de notre vie ne cesse de s'accélérer. Nos achats par correspondance sont livrés en 24 heures par transport express, des aliments sont conçus pour être vite préparés, les ordinateurs accroissent la vitesse de leurs processeurs, le GSM multiplie les urgences et de plus en plus de personnes souffrent de mal s'adapter au rythme effréné de la vie en société. Voilà peut-être une des raisons du grand succès que connaît maintenant le jardinage.

Au jardin, pas de stress. Nous voici créateurs dans une calme retraite. On peut décrocher, faire le vide, se détendre. Jour après jour, saison après saison, le jardin vit au rythme de la nature.

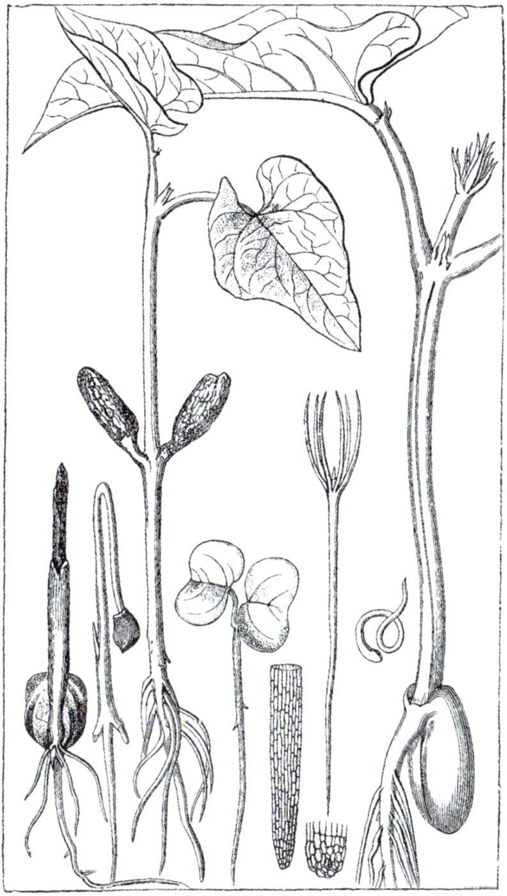

Un arbre peut vivre mille ans. Nombre de jardiniers âgés continuent à planter des arbres dans leur jardin. Peut-être parce que tant d'arbres qu'ils ont admirés sont nés du geste d'un jardinier de jadis. Hubert Reeves, l'homme qui nous fait aimer les étoiles, jardine à Malicorne, un petit village de Puisaye, le pays de Colette, au nord de la Bourgogne. Dans son jardin, il plante des arbres vivant très longtemps : des cèdres du Liban, des cèdres de l'Himalaya, des métaséquoias du Setchuan, des chênes, des châtaigniers. Tous ces arbres qu'il ne verra jamais à l'âge adulte composent ce qu'il appelle "sa forêt millénaire".

Depuis le 20 mars, nous sommes au printemps. Comme chaque année, le retour des beaux jours n'est bien sûr pas passé inaperçu. Dans les médias comme dans nos conversations, l'avènement de la nouvelle saison était bel et bien présent. Après un long hiver, qui ne retrouve pas avec joie une nature bourdonnante de vie ? Mais pourquoi attendre si longtemps pour se réjouir ? Voici plusieurs mois que la nature nous offre des signes de sa renaissance…

Dans un livre d'images de mon enfance, chaque saison était symbolisée par un paysage. À une joyeuse partie de patinage sur un étang gelé succédaient les courses de jeunes agneaux dans un verger fleuri. Mais une année ne valse pas à quatre temps. Chaque jour n'est qu'une étape du grand cycle qu'effectue la Terre autour du Soleil. Quand débute vraiment le renouveau ? À la Noël ! Alors que chacun vit l'ambiance feutrée des fêtes de fin d'année, la nature amorce discrètement son grand virage après le solstice d'hiver dont les anciennes célébrations païennes ont été occultées par la fête de la naissance du Christ. Avant même la Saint-Sylvestre, les jours redeviennent croissants. Qui s'en aperçoit ? Les poules. Elles reprennent la ponte abandonnée depuis de longues semaines.

Au jardin, dès le début du mois de janvier, bien des petits signes trahissent les mouvements de la mécanique astrale. Pourquoi les mésanges explorent-elles toutes les cavités ? Pour déjà choisir les sites potentiels de nidification. C'est d'ailleurs à cette époque qu'un nichoir doit être placé pour avoir le plus de chances d'être occupé. Voici que les plantes à bulbes font apparaître leur feuillage. Et puis, les hamamélis nous offrent leurs délicates floraisons sous le gel. Semaine après semaine, la nature change de visage. Les perce-neige à peine disparus, les crocus terminent eux aussi leur floraison. Les pontes des grenouilles apparaissent dans les mares. C'est au tour du forsythia, des muscaris et des cognassiers du Japon de nous confirmer la marche lente du renouveau. La suite de l'histoire, à chacun de la découvrir. Chaque jardin vit à sa manière le temps du printemps. Et quand viendra la floraison des arbres fruitiers, qui symbolise si souvent la nouvelle saison, combien de petites joies la nature nous aura-t-elle déjà offertes ?

Le spectacle des hamamélis en fleurs. Leurs floraisons sont un rayon de soleil au cœur de l'hiver qui semble toujours bien long. Les hamamélis, des arbres à l'allure de noisetiers, offrent leurs délicates corolles parfumées même sous le gel ou la neige de janvier. L'arboretum de Kalmthout, au nord d'Anvers, possède la plus grande diversité de variétés d'hamamélis au monde. Chaque année, dès le dernier week-end de janvier, ce grand jardin né de la passion de Jelena De Belder ouvre spécialement ses portes pour la floraison.
Arboretum de Kalmthout.
Tél. : 03 666 67 41.

Chaque année, je me pose la même question : quelle tomate vais-je semer ? Dans les catalogues, de nouvelles variétés hybrides sont apparues. Faute de retrouver d'année en année le même assortiment, faut-il que je fasse mon choix au petit bonheur la chance ?

Bien sûr, les sélectionneurs ne livrent pas n'importe quoi. Leurs tomates dernier cri sont de fortes productrices. Mais dès les chaleurs de l'été, cette quantité est disponible au marché, aux prix les plus bas. Quand on cultive des tomates au jardin, on préfère croquer une chair parfumée plutôt que de récolter de pleins paniers de fruits aqueux. Aussi, c'est décidé, je rejoins le maquis du goût ! Des grainetiers résistent à la nouvelle tendance qui désire vendre aux jardiniers amateurs les semences produites pour les maraîchers professionnels et l'industrie alimentaire. Leurs catalogues recèlent toujours des valeurs sûres comme la tomate 'Marmande hâtive' et d'autres trésors qui ont fait le bonheur de générations de jardiniers.

En proposant toujours des anciennes variétés de tomates, de la laitue 'Grosse blonde paresseuse', du fenouil 'Doux de Florence' et des concombres 'Le Généreux', ces grainetiers livrent en fait un combat proche de celui des associations de conservation de la nature. La diversité génétique des potagers est en danger. Année après année, des variétés de légumes partent pour le grand oubli. Abandonnées au profit d'hybrides F1, ces centaines de références offraient cependant tant de caractéristiques différentes, que chaque jardinier pouvait trouver la variété correspondant le mieux à son sol et son climat. Continuer à semer ces graines n'est pas cultiver de la nostalgie, c'est maintenir un patrimoine de gênes et de savoir-faire.

Cultiver des tomates sur son balcon. Pourquoi n'accueillir que des plantes ornementales sur la terrasse ou le balcon ? Nous pouvons aussi y cultiver un plant de tomates pour apporter une touche d'originalité, sans oublier le plaisir de la récolte et l'agrément des salades de l'été. Il faut choisir un large pot car les tomates ont besoin de beaucoup d'apports nutritifs. Un beau pot de terre cuite décoré accentuera l'impression méditerranéenne. La motte du plant de tomates doit être plantée profondément pour que la tige puisse développer des racines supplémentaires. Les feuilles de la base sont enlevées pour qu'elles ne pourrissent pas dans le terreau. Le plant a absolument besoin d'un tuteur. Un arrosage régulier est aussi essentiel. Attention aux gourmands qui se développent à la base des feuilles. Faute d'être enlevés rapidement, ils développent de nouvelles tiges qui canalisent beaucoup d'énergie.

Lorsque le plant de tomates a trois bouquets de fleurs, on laisse encore quelques feuilles se développer puis on sectionne la tête de la plante. Elle pourrait encore produire des bouquets supplémentaires mais il est déjà temps de favoriser le mûrissement des fruits. Autant être certain de déguster au moins une bonne douzaine de tomates bien mûres que de se retrouver en septembre avec une multitude de billes vertes.

J'ai grandi parmi les légumes du potager familial. Bien malgré moi. Toute occasion était bonne pour échapper aux corvées. La pire était l'interminable récolte des haricots. Non seulement, il fallait passer en revue plusieurs lignes de plantes mais les seaux entiers de haricots princesses récoltés après un temps qui paraissait trop long devaient encore être préparés pour la congélation !

Aujourd'hui, tout s'est inversé. Autant j'évitais le jardin, autant je regrette maintenant de ne pas pouvoir lui consacrer davantage de temps. Les soupirs d'antan sont devenus des souvenirs heureux.

Un de ces souvenirs demeure néanmoins en ton mineur. Un jour, nous avons trouvé le cadavre d'un hérisson. Il s'était pris dans le filet protégeant les fraises des assauts des merles. C'est moi qui, fort de mes douze ans, fut chargé de le dégager. Je revois encore à quel point la malheureuse bête s'était étranglée en voulant désespérément se libérer.

Depuis ce jour, j'espère toujours que les hérissons vivent paisiblement au jardin. Les filets en sont bien sûr bannis et il n'est pas une belle saison sans que je ne cherche du regard un de ces sentiers que les rondes nocturnes d'un hérisson finissent par tracer dans le gazon.

Cette année, mon attente a été comblée dès jeudi dernier. La nuit venue, en allant vérifier le fonctionnement du petit chauffage de la serre, je l'ai entendu avant de le voir. De sourds grognements ont trahi sa présence. Sorti d'hibernation à la faveur de ces belles journées, un gros hérisson a repris ses pérégrinations. S'il pouvait savoir à quel point je fus content de croiser son chemin…

Planche de salut. Outre les filets, nos jardins comportent d'autres pièges mortels pour les hérissons : les mares et les piscines. Si le bord est trop haut, un hérisson tombé à l'eau ne pourra sortir, s'épuisera et finira pas se noyer. La solution : une planchette accrochée au bord et flottant sur l'eau. Une seule planche suffit. Les hérissons sont bons nageurs et la trouveront en longeant le bord.

Dans un tableau de Bruegel, des hommes effectuent la taille des arbres fruitiers. Ils tiennent la branche de la main gauche tandis qu'une serpette au manche serré dans la main droite tranche le bois en biseau. On imagine le mouvement : d'un coup sec, le jardinier tire l'outil vers lui. La forme recourbée de la lame évite le glissement de la branche le long du tranchant : la coupe est précise.

Pourquoi ne devons-nous plus tailler nos rosiers, nos groseilliers ou nos forsythias de cette manière ? Parce qu'au début du XIXe siècle, un aristocrate féru de jardinage a inventé un outil merveilleux : le sécateur. Mais le marquis de Molleville n'a pu vivre l'engouement rencontré par sa trouvaille. Ce n'est qu'un demi-siècle plus tard que les sécateurs, améliorés grâce à une meilleure qualité de l'acier et des systèmes de ressort, se sont véritablement popularisés. Les serpettes, utilisées depuis l'antiquité, n'allaient plus être que des outils bien marginaux.

Depuis que j'ai appris son histoire, je suis reconnaissant à ce brave marquis. Car que ferais-je sans le sécateur que je promène des jours durant au jardin ? Je le dégaine à tout instant pour couper des fleurs fanées, tailler une branche gênant le passage, raccourcir un tuteur de bambou ou prélever une bouture. Aussi, je prends un soin tout particulier de mon sécateur. Je le range précieusement, j'enlève la sève séchée qui finit par former une croûte noire sur les lames, j'huile le ressort et l'articulation.

Tant d'autres jardiniers agissent ainsi. Tous ensemble, nous perpétuons l'attention que les jardiniers de jadis portaient à leur outil de taille. Des serpettes conservées par des collectionneurs portent les initiales de ceux qui les manipulaient au fil des saisons.

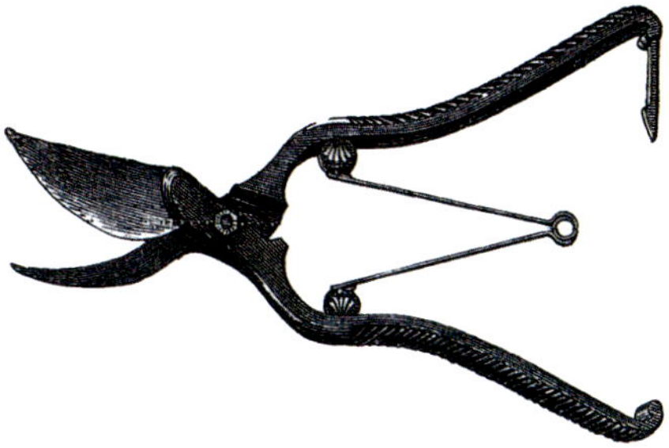

Un sécateur pour la vie. Dans le commerce, on peut trouver des sécateurs pour moins de dix euros. Importés d'Asie, leur efficacité et leur solidité sont à l'aune de leur valeur. Ces sécateurs, on finit toujours par les oublier ou les perdre, sans le moindre remords. Vient alors le moment où l'on désire s'équiper d'un bon sécateur, un sécateur dont on prendra le plus grand soin et qui ne vous quittera plus. Les meilleurs sont ceux qui peuvent être réglés, aiguisés et dont les différents constituants (lame, contrelame, ressort…) sont disponibles en pièces détachées. Le sécateur N° 2 de la marque suisse Felco s'impose souvent.

“Votre jardin doit être une vraie merveille” me dit-on souvent. Oui et non. Oui, car il nous comble sans cesse de joie à la découverte renouvelée de toutes ses facettes. Non, car il n’est sans doute pas à la hauteur des attentes des automobilistes qui s’arrêtent pour observer les aménagements du monsieur qui jardine à la télévision.

Une émission hebdomadaire demande beaucoup de travail et le temps manque pour créer un jardin d’exception, comme ceux qui ouvrent leurs portes au public le temps d’un week-end. Mais je veille toujours à ce que l’herbe de part et d’autre du chemin d’accès soit bien tondue. Car la partie du jardin offerte au regard de tous est un peu l’extension sociale du jardinier.

C'est ainsi depuis bien longtemps. Le devant de la maison contribue à notre image. Comme on ne porte pas en société des vêtements sales, le jardin côté rue doit aussi répondre à des critères de propreté paysagère. Des orties qui poussent librement à côté du portail d'entrée, cela fait mauvais genre. Et un jardin à l'allure de brousse a vite fait de vous créer une réputation de négligence absolue, voire d'anticonformisme social. Laisser le jardin à l'abandon est comme un signe de refus du consensus horticole. Dans certains quartiers, cet ordre établi est si puissant qu'un espace à l'abandon devient une gêne pour les voisins. Comme si les mauvaises herbes de l'autre côté de la clôture dévalorisaient un jardin bien entretenu.

Mais notre regard oblique peut aussi avoir des conséquences positives. Si une façade est particulièrement bien fleurie, les maisons voisines ne tardent souvent pas à suivre le mouvement. Cette contagion est un des facteurs de succès des opérations de fleurissement des quartiers ou des villages. Comme si le beau créait l'envie du beau.

Le guide des Jardins ouverts. Jardins ouverts est une association qui permet à ses membres de visiter près de deux cents jardins de référence répartis à travers toute la Belgique. Ces jardins sont présentés dans un guide annuel contenant toutes les informations pratiques, y compris un itinéraire détaillé pour rejoindre chaque destination. Cette initiative ne permet pas seulement de découvrir des espaces de grande qualité, bourrés d'idées et rassemblant des trésors botaniques. Elle permet aussi des rencontres entre jardiniers, souvent aussi enrichissantes pour les hôtes que pour leurs visiteurs.
Jardins ouverts a.s.b.l.,
chaussée de Vleurgat 108, 1000 Bruxelles.
Tél. : 02 646 97 36.

Avril

En feuilletant les guides des beaux jardins de Belgique, il apparaît que beaucoup de ces espaces sont qualifiés de "jardins de cottage". Ils reproduisent chez nous l'ambiance bien particulière des jardins anglais. Tandis que clématites, rosiers grimpants et chèvrefeuilles partent à l'assaut de la maison, un gazon aux rayures bien marquées est entouré de parterres débordant de vivaces, de rosiers et d'arbustes dans une profusion parfaitement organisée.

Pourquoi le jardinage à l'anglaise connaît-il chez nous tant de succès ? Parce que le climat d'exubérance végétale et de recherche esthétique des jardins de cottage constitue une voie toute tracée pour le jardinier souhaitant dépasser la pauvreté de créativité et de diversité végétale qui a longtemps caractérisé nos espaces. Cet engouement s'explique aussi par la domination exercée par l'Angleterre en matière de référence. Non seulement des milliers de jardins outre-Manche sont ouverts au public à la recherche de bonnes

idées, mais ils sont aussi une source inépuisable de clichés pour les photographes illustrant les magazines et les livres de jardinage.

Voilà peut-être pourquoi certaines réalisations typiquement anglaises sont largement reproduites chez nous alors que nous ne vivons pas les mêmes contraintes. Si les Anglais aiment tant les paniers suspendus débordant de plantes annuelles, les clématites et les rosiers grimpants, c'est parce que leurs jardins sont minuscules : deux ares en moyenne. Ils privilégient donc une verticalité pour pourvoir cultiver davantage de plantes. Nos jardins sont plus grands mais nous aimons tout autant ces réalisations. Et nous avons bien raison : quel plaisir d'être entourés de tant de floraisons.

The Royal Horticultural Society. Tout Anglais passionné de jardinage est membre de la Royal Horticultural Society (RHS). Née en 1804, cette association est le cercle horticole le plus puissant de la planète. La RHS, qui emploie cinq cents permanents, offre à ses membres un nombre impressionnant de services : un accès gratuit à 27 jardins ; le magazine mensuel *The Garden* ; un accès privilégié aux expositions horticoles, dont le fameux Chelsea Flower Show ; des démonstrations, conférences, cours, stages et voyages d'étude proposés dans tout le pays… Chaque année, trente mille membres font appel au service de renseignements et de conseils pour les problèmes de jardinage. Une équipe d'experts scientifiques est active dans les domaines de la nomenclature, de la sélection et des techniques de culture. La bibliothèque rassemble la plus grande collection de livres horticoles au monde et propose un service de prêt par la poste. Chaque année, les membres peuvent recevoir gratuitement des semences de plantes en provenance des différents jardins de la RHS…
Comme les membres étrangers bénéficient des mêmes avantages que les membres résidant en Angleterre, les membres belges ne sont pas rares. À condition de lire l'anglais et de profiter des avantages offerts, la cotisation annuelle (36 £) peut être largement rentabilisée.
The Royal Horticultural Society, 80 Vincent Square, London SW1P 2PE, England. Tél. : 00 44 20 78 34 43 33. Le site internet (www.rhs.org.uk) mérite le détour.

Mes doigts en gardent encore le piquant souvenir. Profitant d'un rayon de soleil pour arracher à pleines mains les touffes de chiendent qui se sont développées cet hiver dans la parcelle réservée aux fraisiers remontants (des 'Ostara' dont les fraises ne sont parfumées qu'en fin de saison), je ne tardai pas à subir une fois de plus une brûlure bien caractéristique. Dissimulée parmi les herbes, une petite ortie m'a rappelé qu'elle n'a pas besoin de la douceur du printemps pour pousser au jardin. Non seulement, cette plante est présente toute l'année mais elle est beaucoup plus urticante que sa cousine la grande ortie. Son irritation est toujours ressentie de longues heures après la piqûre.

Sur l'échelle de mes amours végétales, la petite ortie ne figure pas en bonne place. Parce qu'elle pique fort, mais surtout parce qu'elle a le pouvoir d'apparaître ici ou là, vous réservant souvent la surprise de sa présence.

Contrairement à la grande ortie dont les pieds sont reliés par des rhizomes permettant le nettoyage rapide d'une parcelle, la petite ortie s'enracine isolément. La tige qui rampe sur le sol n'est longue que de quinze ou vingt centimètres mais elle produit plus de mille graines qui se dispersent allègrement. De petites orties apparaissent même dans la serre !

Les grandes orties du jardin nous offrent des potages printaniers, macèrent en purins fertilisants et rejoignent le tas de compost. La petite ortie pourrait-elle faire pardonner ses morsures en nous étant d'une quelconque utilité ? On dit qu'autrefois ses fibres étaient utilisées avec celles de la grande ortie pour tisser des étoffes très résistantes. Servaient-elles à coudre des gants pour jardiniers ?

La recette de la soupe aux orties. Avez-vous déjà goûté du potage aux orties ? Voilà un plat étonnant. Non seulement on mange une plante qui pique, mais en plus, c'est délicieux.

Le début du mois d'avril est la bonne époque pour récolter des orties. Elles sont toujours bien tendres. On coupe la partie la plus jeune.

La recette du potage ? Rien de bien compliqué. Un bouillon de volaille, des orties, quelques pommes de terre, un peu d'ail. Bien sûr, on passe le potage de manière à éliminer les fibres. Enfin, on sert avec du beurre ou de la crème.

Deux villages seulement séparent notre maison de la frontière française. Habiter au sud de l'Entre-Sambre-et-Meuse nous offre un grand avantage printanier. Un véritable privilège : nous sommes parmi les premiers Belges à entendre le chant du coucou revenu de sa migration en Afrique. Les habitants du Nord de la province de Liège doivent patienter quelques jours de plus pour percevoir ce signe supplémentaire du retour des beaux jours.

Les coucous qui vivent dans le voisinage sont d'ordinaire très ponctuels. C'est aux alentours du 14 avril qu'ils manifestent leur présence. Quelle joie de travailler au potager en écoutant les cris poussés par les mâles pour délimiter leurs territoires ! Lorsqu'un chanteur est proche de la maison, je lui réponds en imitant son cri. Une fois seulement, je suis parvenu à engager le dialogue. Très vite, les "coucou" poussés par mon interlocuteur sont devenus plus incisifs et l'oiseau s'est rapproché pour chasser ce rival de ses terres. Le coucou est ainsi arrivé au sommet d'un grand arbre, suffisamment près pour me permettre de distinguer son ventre clair rayé de fines lignes noires.

Cette année, les coucous seront-ils aussi présents que les années précédentes ? Je l'espère, au même titre que les ornithologues qui constatent une inquiétante raréfaction de cet oiseau pourtant si commun il y a quelques années encore. Comment expliquer cette régression ? Plusieurs facteurs conjugueraient leurs effets. La banalisation de notre environnement naturel a un impact sur les sources de nourriture des coucous et sur les populations d'une partie des passereaux qui accueillent la ponte parasite de Madame Coucou. Et puis, la situation environnementale en Afrique se dégrade à toute allure. Les conditions de vie hivernale de nos migrateurs ne sont plus vraiment paradisiaques.

Mais les oiseaux de nos régions font régulièrement preuve d'une grande faculté d'adaptation. Dans les milieux scientifiques comme dans notre jardin, l'espoir est donc de mise pour ce printemps. Coucou, y es-tu ?

Direction : le Kenya. Facile de partir les premiers quand on pond ses œufs dans les nids des autres ! Dès le mois de juillet, les coucous nous quitteront pour regagner leurs quartiers d'hiver, au sud du Kenya. Ils n'auront pas chassé longtemps les chenilles velues que les autres oiseaux dédaignent à cause de leur toison urticante (incroyable, mais vrai : les poils des chenilles se plantent dans la membrane de l'estomac du coucou, lui donnant l'aspect d'une fourrure, jusqu'à ce qu'une mue la renouvelle !).
Après avoir sordidement balancé ses frères et sœurs d'adoption par-dessus le rebord du nid, bébé coucou, toujours affamé, va contraindre un honnête couple de petits passereaux à un esclavage nourricier. Ensuite, les petits coucous s'envoleront seuls vers l'Afrique. Ils n'ont pas connu leurs parents mais ils savent pourtant qu'il faut partir, où aller, quand revenir. Et, au printemps prochain, les jeunes femelles parasiteront à leur tour des nids de petits oiseaux sans jamais l'avoir appris…

J'ai une tendresse particulière pour les bourdons qui visitent avec bonhomie les premières fleurs du jardin. Figurez-vous que ces gros insectes velus ne sont pas des mâles d'abeilles, comme beaucoup le pensent, mais des reines.

Ainsi, le bourdon observé ce matin parmi les fleurs des cerisiers est une femelle née l'année dernière et fécondée à la fin de la belle saison. La petite colonie où elle a vu le jour a été anéantie par le froid et la faim. Plongée dans un sommeil léthargique, notre reine a survécu à l'hiver, cachée dans un talus ou au pied d'une haie. Dès les premiers beaux jours de ce printemps, elle est sortie de sa torpeur hivernale. Voici qu'elle butine pour se nourrir. Elle cherche aussi une ancienne galerie de taupe ou un terrier de rongeur abandonné pour y construire son nid et pondre ses premiers œufs dans une petite boule constituée de pollen patiemment amassé. Ce n'est qu'après la naissance de ses premières ouvrières, plus petites à cause du peu de nourriture rassemblée, que la reine sera enfin secondée dans son travail. Progressivement, elle ne se consacrera plus qu'à la ponte, les ouvrières assurant l'approvisionnement du nid en pollen et en nectar de fleurs, stockés dans de petites coupes de cire.

À la fin de l'été, le nid des bourdons pourra totaliser cent cinquante, voire deux cent cinquante individus. C'est à ce moment-là que naîtront une série de jeunes reines et les mâles qui les féconderont. Dès l'arrivée des premiers froids, les ouvrières et les mâles mourront. Ne resteront en vie que les reines qui se cacheront pour passer l'hiver en léthargie et renouveler le cycle l'année prochaine.
Bonne chance, bourdon d'une saison ! Puisse le jardin t'aider à mener ta grande et belle mission.

Bourdons à louer. Les bourdons sont d'ardents butineurs et, transportant de fleur en fleur du pollen accroché dans leur toison, ils assurent la fécondation de nombre de plantes. Les bourdons ont un grand avantage par rapport à leurs cousines les abeilles dont on place les ruches dans les vergers : plus puissants, plus robustes, ils n'hésitent pas à butiner par temps froid ou sous la pluie, des conditions de travail guère appréciées par Maya. Voilà pourquoi on assiste aujourd'hui à la naissance d'une nouvelle profession : éleveur de bourdons. Des bourdons sont proposés aux horticulteurs par des apiculteurs se spécialisant dans cette voie. Si les techniques d'élevage ne sont pas vraiment simples à maîtriser, le jeu en vaut la chandelle. Pour la fécondation des fraisiers en serre, la location de bourdons se paie cher !

Tous les ans, à cette époque, j'épie leur retour. Un voisin les a déjà vues à Chimay. Elles seraient aussi arrivées dans d'autres régions. Demain peut-être aurais-je la joie de revoir la silhouette familière d'une hirondelle sur le fil électrique qui longe le jardin. Un proverbe a beau nous inciter à la prudence, le retour de l'oiseau à l'habit de cérémonie est néanmoins une confirmation de plus du renouveau.

Serait-ce parce que les hirondelles vivent près des hommes depuis le temps où ils s'abritaient dans des cavernes ? On dit qu'un nid porte bonheur à la maisonnée qui l'accueille. Déjà bien considérées, puisqu'elles sont insectivores, les hirondelles ont encore gagné en affection quand on a découvert qu'elles sont fidèles d'année en année au même bâtiment.

On en parle beaucoup. Partout en Wallonie, une raréfaction des hirondelles de cheminée est observée. Comment l'expliquer ? C'est avant tout dans les étables que ces hirondelles installent leurs nids. Autrefois, il y avait un fumier presque devant chaque porte. Aujourd'hui, la disparition des petites exploitations agricoles se poursuit toujours. Les étables deviennent des salons, des garages, voire une nouvelle habitation à part entière. Beaucoup de tentatives d'installation de nouveaux nids d'hirondelles sont malheureusement vouées à l'échec. Personnes ne prend le risque de laisser la porte du garage ouverte durant toute la belle saison.

Si des hirondelles ont des difficultés à se loger au village, qu'elles viennent donc à la maison. Nos remises accueillent déjà les nichées d'un couple de rouges-queues et d'un couple de troglodytes. Nous serions heureux de bénéficier aussi de la protection des hirondelles.

L'herbe aux verrues. En ce moment, au pied des haies et des vieux murs, la chélidoine fait son apparition. La plante à verrues, c'est elle. Si on coupe la tige, apparaît un lait jaune, une sève toxique qu'il ne faut jamais mettre en contact avec les muqueuses ou une plaie ouverte. Par contre, selon la tradition populaire, ce lait est efficace pour le traitement des verrues, cors et durillons. Pourquoi appelle-t-on cette plante chélidoine ? "Chelidon", en grec, signifie "hirondelle". En fait, la chélidoine fleurit lorsque les hirondelles reviennent, et se fane quand elles repartent. Et puis, ne raconte-t-on pas que l'on voit parfois une hirondelle venir cueillir un rameau de chélidoine pour guérir les yeux de ses petits nés borgnes ou aveugles ?

Chez mes grands-parents, chez mes oncles et tantes, chez les voisins et, bien sûr, à la maison, elle était présente. Enfant, j'étais fasciné par les gouttes de liquide translucide et collant qui apparaissent sur ses hampes florales.

Ce n'est qu'à l'université, à l'occasion d'un cours de botanique consacré aux fibres, que j'appris que cette plante grasse aux feuilles étroites et élancées, joliment bordées de jaune, est une sansevière. Sans doute grâce à sa grande résistance et sa faculté de multiplication par division des souches, celle qu'on appelle aussi injustement "langue de belle-mère" était la première au hit-parade des plantes d'appartement, mais la plupart des gens ignoraient son nom.

Que sont devenues les sansevières des appuis de fenêtre ? Elles sont désormais surtout cultivées par des passionnés qui collectionnent la soixantaine d'espèces de ces agavacées originaires d'Afrique tropicale. Aujourd'hui, sur les tablettes de marbre, la diversité est reine.

Le Ficus, le Dracaena, le Washingtonia, le Philodendron sont autant de plantes tropicales composant notre paysage vert intérieur. Autant d'organismes vivants devenus objets de consommation courants. Les grands magasins se sont taillé une belle part du marché avec des prix défiant toute concurrence. L'élargissement de l'offre est tel que les encyclopédies des plantes vertes figurent souvent dans les bibliothèques familiales.

La généralisation du chauffage central est aussi pour beaucoup dans la présence plus accrue d'une foule de plantes vertes autour de nous. Elles ont d'ailleurs acquis un nouveau statut. Voici qu'elles quittent les fenêtres pour participer à la décoration de l'intérieur. Quelques pots sur le plancher suffisent pour créer un mini-espace de nature. Un havre de verdure et de paix.

De l'air humide.
Nos maisons sont trop sèches pour offrir un climat de vie favorable aux plantes vertes, en majorité originaires de régions au climat chaud et humide. Un moyen d'humidification à la portée de tous consiste à pulvériser régulièrement de l'eau tiède sur le feuillage. On peut aussi passer une éponge propre et imbibée d'eau tiède sur les deux faces des feuilles. Attention à l'eau du robinet : le calcaire qu'elle contient laisse des traces sur le feuillage. Par temps doux et humide, il est bon d'aérer les pièces pour augmenter sensiblement le taux d'humidité de l'air ambiant. Pour obtenir une humidité ambiante constante autour des plantes, on peut placer les pots sur une couche de gravillons ou de billes d'Argex disposés dans une large soucoupe ou une terrine profonde d'environ trois centimètres. Versez régulièrement de l'eau dans ce récipient sans pour autant recouvrir les cailloux.

Mai

Cet après-midi, un voisin m'a invité à venir prélever une motte de muguet dans son jardin. Une plate-bande en est recouverte et ce muguet ne cesse de s'étendre. "Autant le donner que de le jeter au compost", m'a-t-il expliqué. J'ai dû décliner l'invitation : au jardin, un bel ensemble de plants de muguet apparaît chaque printemps sous le saule marsault. Notre ami trouvera-t-il amateur ? J'ai bien peur que non. Le muguet est présent dans la plupart des jardins des alentours. Il n'est d'ailleurs pas impossible que tous ces muguets soient cousins, issus d'une souche qui n'a cessé d'être divisée au fil des générations pour prendre progressivement place dans tous les jardinets du village.

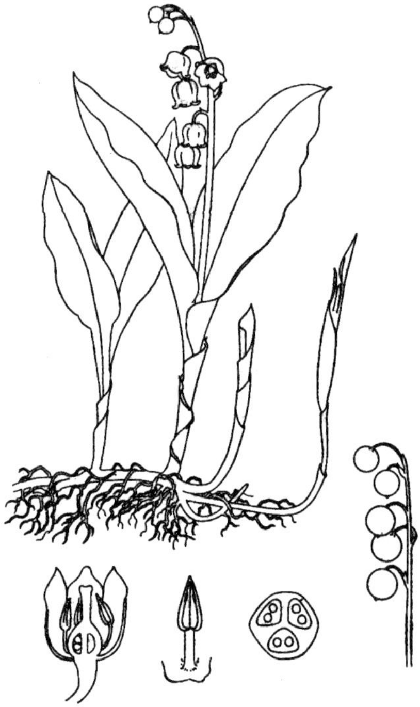

Comment le muguet peut-il s'étendre ? Chaque plante possède une tige souterraine, un rhizome, qui s'étend sous le sol d'année en année. Au printemps, le jeune rhizome produit des feuilles et des floraisons avant de poursuivre son chemin, tandis que la partie du rhizome développée l'année passée se fane et disparaît. Durant l'hiver, le muguet qui subsiste par le biais de son rhizome est ainsi une plante entre deux tiges, l'une à venir et l'autre à mourir. Au fil des bonds du rhizome, le muguet serait-il immortel ? Il est de vieux jardins où le muguet semble être installé depuis toujours, les rhizomes sillonnant sans cesse la même zone de sol frais.

Notre muguet est-il en fleurs le 1er mai ? Non. Parmi tout le massif du jardin, je n'ai trouvé qu'une seule inflorescence qui laisse déjà deviner le blanc de ses clochettes. Mais c'est là chose normale : c'est de France que nous vient la tradition du porte-bonheur du 1er mai et, à Paris, les fleurs du printemps apparaissent avec dix jours d'avance par rapport à nos froides contrées.

La fleur des couturières. Les historiens racontent que c'est le chevalier Louis de Girard qui eut l'idée d'offrir du muguet de son jardin au jeune roi Charles IX de passage en 1560 à Saint-Paul-Trois-Châteaux en compagnie de sa mère, Catherine de Médicis. Les années suivantes, le roi offrit à son tour du muguet aux dames de la cour en souhaitant qu'il leur porte chance. Cette anecdote serait restée totalement anodine si elle n'avait permis de donner un ancrage historique plus lointain à une tradition récente. Au début du siècle, au 1er mai, les couturiers parisiens ont pris l'habitude d'offrir du muguet à leurs petites mains. La grande mode des dimanches au bord de l'eau au son de l'accordéon a vite donné de l'ampleur à cette petite célébration du retour des beaux jours. D'autant que les horticulteurs avaient saisi la balle au bond : le muguet fut bientôt largement disponible et vendu partout dans la rue.

Que saint Mamert, saint Pancrace, saint Servais et saint Boniface me protègent. Bien avant les fêtes de nos saints de glace, je n'ai pu résister à la tentation de mettre en place les paniers suspendus qui, chaque été, encadrent notre porte d'entrée. Je n'ignore pourtant pas que débute demain une période très dangereuse. En une seule nuit, les pétunias, surfinias et diascias qui colorent déjà mes suspensions peuvent être meurtris par le dernier sursaut de l'hiver. Gèlera, gèlera pas ? Je suis de près les prévisions du temps. Si nécessaire, les paniers fleuris passeront la nuit à l'intérieur.

Autrefois, on pensait que c'était la lumière de la lune qui faisait roussir les jeunes pousses. Aujourd'hui, le phénomène peut être expliqué de manière plus rationnelle. En mai, si les températures diurnes dépassent régulièrement les vingt degrés, les nuits restent froides. Le mercure descend souvent jusqu'à cinq degrés. C'est normal : au sortir de l'hiver, la terre n'a pas encore engrangé beaucoup de calories. À cette époque, il arrive souvent qu'un anticyclone se développe sur le Nord de la France. Il favorise des nuits claires sous la lumière des étoiles. Si l'air est sec, si un vent du nord-est se lève, le sol perd alors beaucoup de chaleur par rayonnement. Il se refroidit plus vite que l'air ambiant et les plantes peuvent geler alors que le thermomètre indique toujours quelques degrés au-dessus de zéro.

Tradition et statistiques se rejoignent : les saints de glace assistent au chant du cygne de l'hiver. Mais celui-ci peut encore sursauter une dernière fois bien plus tard. Je ne suis pas prêt d'oublier le printemps où mes courgettes, mes potirons et les premiers haricots furent tués la nuit du… 4 juin.

Gare à la sécheresse. Le gros problème des paniers suspendus, c'est l'eau. La masse de terreau est faible par rapport au nombre de plantes. Pendu à tous vents, le panier se dessèche vite avec sa paroi de fibres ou de carton qui constitue une grande surface d'évaporation. Aussi, par beau temps, il faut arroser une à deux fois chaque jour. Le plaisir des beaux paniers est à ce prix.

Pour créer une petite réserve d'eau, on peut placer un récipient au fond de la cuvette : une assiette, une soucoupe, un plat à pizza en aluminium… Le terreau peut être aussi notre allié. Des mélanges sont créés spécifiquement pour les plantes de terrasse et d'orangerie devant se développer dans une masse limitée de substrat. Ces terreaux comportent de la tourbe et des granulés synthétiques qui vont tous deux accentuer la rétention de l'eau.

Elles nous reviennent avec le printemps. Comme les hirondelles. Le temps d'un week-end, les foires de jardinage ouvrent leurs portes. Le cadre habituel ? Une grande propriété dont les jardins et les allées se transforment en une exposition à ciel ouvert. Le succès de foule est au rendez-vous. Aussi, chaque année, de nouvelles destinations sont proposées.

Que viennent découvrir les visiteurs ? Des plantes. Les foires de jardinage sont, pour des pépiniéristes spécialisés, une occasion privilégiée de présenter leurs productions. Mais ces événements sont aussi des espaces d'information.

D'un stand de tondeuses à gazon à celui d'une association pour la promotion des anciennes variétés d'arbres fruitiers, conseils et idées pour notre travail au jardin peuvent être glanés au fil des allées.

Et puis, les foires de jardinage sont aussi des espaces de beauté. Site prestigieux à l'appui, une série de stands présentent ce qui se fait de plus joli en matière de décoration au jardin. Meubles en tek, buis taillés, tonnelles en ferronnerie sans oublier une foule d'objets de bon goût. Mais, dans la foulée, voici qu'apparaissent des vêtements en fine laine, de luxueuses 4 x 4, des meubles d'intérieur de grand style et bien d'autres choses plus en rapport avec les pages publicitaires des magazines de grand luxe que le jardinage. Le savoir-faire cède le pas devant le faire-valoir. Et aux prix de s'envoler. On peut acheter un simple géranium bien plus cher qu'au marché de sa localité...

Le jardinage est-il un monde aussi artificiel ? Absolument pas. Et à vouloir lui donner une image à ce point élitiste, des foires de jardinage risquent bien de n'être qu'une simple mode. Beaucoup rejettent déjà le climat superficiel de certains rendez-vous. Car les jardiniers sont avant tout des passionnés qui privilégient la convivialité.

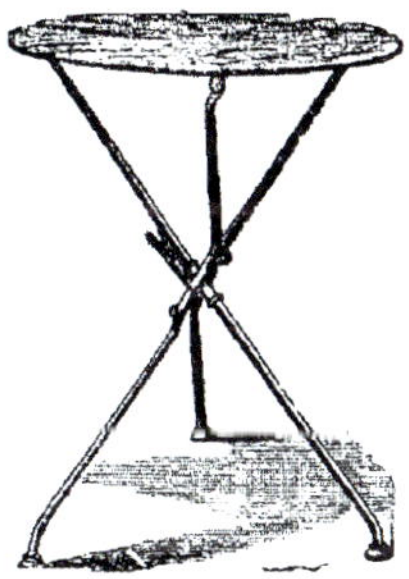

Les belles foires aux plantes du printemps.
Dernier week-end d'avril
Plantes rares et de collection à La Feuillerie à Celles, près de Tournai.
Infos : 069 45 51 71.
Premier week-end de mai
Fête des plantes et du jardin aux Jardins d'Aywiers à Lasne.
Infos : 02 633 20 21.
Second week-end de mai
Journée des plantes et du jardin au Parc de Beervelde à Lochristi.
Infos : 09 355 55 40.
Troisième week-end de mai
Festival des plantes au Château de Beez, près de Namur.
Infos : 069 45 51 71.

Un beau soir tout baigné de chaleur, le jardin fut en effervescence. Un bruissement sourd se faisait entendre sous le grand frêne. Au bruit, on aurait juré qu'un essaim d'abeilles se posait dans l'arbre. Mais la nuit tombait et les avettes préfèrent le matin pour leurs nuageuses envolées. Un de ces insectes se posa sur l'écorce de l'arbre. Quelle ne fut pas ma surprise : un hanneton !

Les hannetons, je ne les connaissais que par les récits de mes parents. Leur enfance des années trente fut émaillée de jeux coquins dont les hannetons étaient à la fois les complices et les victimes. Retenus par un fil attaché à la patte, les gros coléoptères se muaient en hélicoptères. Prisonnier dans une boîte d'allumettes, l'insecte roux se prêtait à des chahuts ou des farces. L'imparfait était toujours utilisé pour évoquer cette époque. Depuis les années cinquante, le hanneton s'était en effet fait si discret qu'on le pensait disparu, victime des premiers grands développements des traitements chimiques en agriculture.

Avant de s'envoler bruyamment un soir de mai, le hanneton vit dans le sol sous la forme d'un gros ver blanc. Au début du siècle, ces vers étaient si abondants qu'ils constituaient une menace pour l'agriculture. En quelques dizaines d'années, le hanneton est passé du statut de ravageur à celui de symbole de la disparition de la nature. Comment expliquer ce retour étonnant ? Par l'amélioration de certains paramètres de notre environnement. Les pesticides sont plus sélectifs. Les agriculteurs les utilisent aussi beaucoup mieux, en contrôlant les dosages et l'efficacité des pulvérisateurs. En réapparaissant dans nos jardins, le hanneton est signe d'espoir pour tous ceux qui se préoccupent de la conservation de nos richesses naturelles.

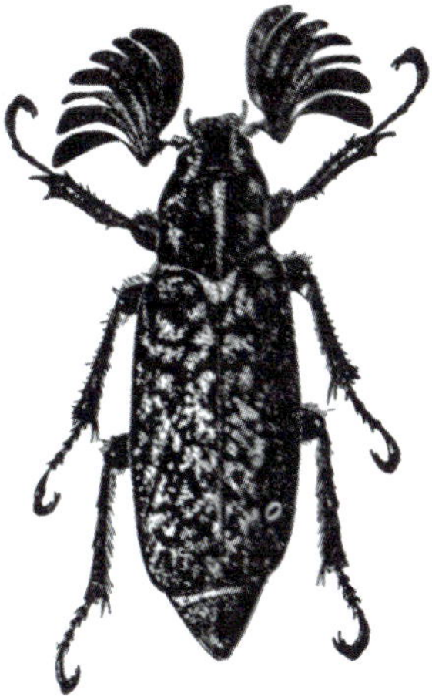

Départs, arrivées et retours. En Région wallonne, une multitude d'espèces nous quittent dans l'anonymat le plus complet. Ainsi, près de 38 p. c. des espèces de plantes supérieures sont considérées comme déjà disparues ou menacées de disparition à plus ou moins long terme. Mais des espèces résistent à l'impact de nos activités et d'autres s'y adaptent même fort bien : les ubiquistes renard, pie et étourneau fréquentent nos jardins. Des nouveaux-venus comme la mésange noire, la mésange huppée ou le roitelet triple-bandeau ont rejoint notre faune. Ces oiseaux étaient totalement inconnus dans nos régions il y a moins d'un siècle et se sont établis naturellement dans nos forêts à la faveur des plantations massives de conifères.
D'autres espèces pointent à nouveau le bout de leurs ailes après avoir disparu. Comme la cigogne noire, le hibou grand-duc, le grand corbeau ou le hanneton. La nature peut faire preuve d'une dynamique étonnante.

Cette année encore, les lilas du jardin nous ont offert une floraison si généreuse que nous l'avons partagée avec tous les amis de passage à la maison. Durant quinze jours, un sécateur est resté à portée de main près de la porte d'entrée pour composer nombre de bouquets parfumés. Nos lilas ne furent pas dégarnis pour autant car les arbres s'élèvent à une belle hauteur. Quel âge peuvent-ils avoir ? Le jardin a été créé entre les deux guerres et c'est certainement à cette époque que les arbrisseaux furent plantés. En ce temps-là, le moindre lopin, à la ville comme à la campagne, abritait volontiers des lilas.

Serait-ce parce que ses floraisons étaient trop associées aux ambiances des jardins de curé ? À partir des années soixante, le lilas est tombé en disgrâce. Les jardiniers lui ont préféré des frondaisons conférant aux haies fleuries des allures plus élitistes. Mais comment pourrait-on oublier de tels parfums ? Aussi, le temps de purgatoire s'achève déjà. Le lilas fait actuellement un grand retour et, au paradis des jardiniers, les Lemoine ne cachent pas leur joie. En trois générations, cette famille de Nancy a créé, au siècle dernier, pas moins de deux cent quarante variétés de lilas. Beaucoup sont des merveilles de prodigalité et de senteurs, toujours multipliées actuellement par les pépiniéristes.

Les arbres sont aujourd'hui de plus en plus vendus dans de grands pots, des conteneurs comme disent les horticulteurs. Sauf par temps de gel, ces arbustes peuvent être plantés en toute saison. Nous pouvons donc succomber au charme des lilas sans devoir attendre la Sainte-Catherine. N'hésitons pas à associer les variétés. De la floraison la plus précoce à la plus tardive, six semaines peuvent s'écouler. Six semaines de bonheur.

Comment déplacer un lilas ? Un jardin évolue, change de visage et un arbuste planté il y a quelques années peut contrarier un nouveau projet. Cela n'est pas un problème. Le lilas, comme la plupart des arbustes décoratifs, peut être transplanté durant la période hivernale. Si l'arbuste est déjà bien large, il faut commencer par serrer les branches en un fuseau. Il sera ainsi plus aisé de circuler autour du lilas. On façonne ensuite une motte en coupant à la bêche les racines tout autour de l'arbuste. Il faut aussi enlever une couche de terre au sommet de la motte. Trop lourde, elle risquerait en effet de s'effondrer sous son propre poids et de briser des radicelles. Avec de petits mouvements de balancement, les racines sous la motte sont brisées. L'arbuste est déplanté. Il ne reste plus qu'à tailler au sécateur les racines abîmées avant de le replanter à son nouvel emplacement.

Au cours de ce mois se déroulera un des plus beaux spectacles de la nature. Quand il se produit au jardin, j'y assiste toujours avec fascination. Imaginez un beau matin de mai. Le rucher semble en paix : les butineuses vont et viennent et on perçoit leur bourdonnement dans les aubépines en fleurs. Soudain, une ruche s'agite. Les abeilles la quittent en rangs serrés pour prendre leur envol. Le ciel est alors complètement assombri d'une nuée d'avettes. Bien vite, ce nuage assourdissant se concentre, les abeilles se rassemblant autour de la reine en une vaste grappe accrochée à une branche. Cinq minutes plus tard, le calme est revenu à la ruche. De l'extérieur, rien ne peut laisser penser que la colonie vient de se séparer de la moitié de ses ouvrières. Bientôt, une nouvelle reine naîtra dans la ruche et la vie reprendra comme avant.

L'essaimage permet aux abeilles de se reproduire en tant que société. C'est le processus imaginé par la nature pour remplacer les colonies qui meurent, victimes d'un prédateur, de la famine ou d'une maladie.

Généralement, les apiculteurs récupèrent les essaims avant qu'ils n'aient pu partir au loin. Mais il arrive que certains échappent à leur vigilance. C'est alors que les abeilles peuvent arriver dans un jardin et y semer la panique. Si, un de ces prochains jours, un essaim survient chez vous, il ne faut surtout pas avoir peur. Ces abeilles sont pacifiques. Un simple coup de fil aux pompiers et un apiculteur aura vite fait de transformer cette aventure forcée en une merveilleuse leçon de nature… Vous pouvez aussi décider de garder les abeilles et de leur donner une ruche. Les arrivées intempestives d'essaims sont parfois à l'origine de véritables passions pour l'apiculture.

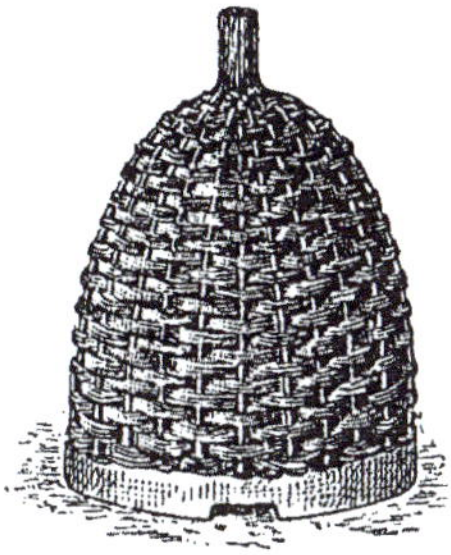

D'où vient le miel ? Les abeilles sucent le liquide sucré produit par certaines fleurs, le nectar, qui est enrichi de sécrétions salivaires et rapporté à la ruche. Dès son arrivée, la butineuse confie sa récolte à une ouvrière qui y ajoute à nouveau des sucs digestifs avant de remettre cette précieuse goutte à une autre abeille. D'ouvrière en ouvrière, la goutte de nectar arrive au sommet de la ruche, là où la colonie constitue au fil des mois les provisions qui lui permettront de survivre à l'hiver. Petit à petit, les logettes hexagonales qui composent les rayons de cire se remplissent d'un liquide brillant : le nectar devient du miel. Le sucre qu'il contenait a été digéré en deux sucres de plus petite taille moléculaire. L'eau excédentaire est évaporée par un bataillon de ventileuses. Dès qu'il est mûr, le miel des petites logettes est protégé par un couvercle de cire. On dit qu'il est "operculé".
C'est à ce moment que survient l'apiculteur. Ce filou vole aux abeilles les rayons lourds de miel. Pour pouvoir en retirer son butin, il enlève soigneusement les petits couvercles de cire avec un outil spécial, puis il fait tourner à toute vitesse les rayons dans une sorte d'essoreuse. Le miel liquide ainsi récolté est placé dans des fûts jusqu'au jour où le processus naturel de la cristallisation débutera. Il sera alors grand temps de mettre le miel en pot où il finira de durcir.

Notre potager recèle des trésors archéologiques. Quel fut mon étonnement de découvrir, un jour, des douilles de balles de guerre entre les dents de mon râteau. Le jardin aurait-il été le cadre d'âpres combats lors de la dernière guerre ? Mes questions aux voisins ont reçu une autre réponse. Notre potager fut à l'époque un terrain de jeux très dangereux. Les enfants avaient récupéré des armes et des munitions jetées par des déserteurs allemands. Ils avaient attaché un fusil à un piquet et s'amusaient à tirer coup sur coup. On raconte même que le maïeur de l'époque accourut à toutes jambes pour mettre fin à des lancers de grenades !

Mais voici que le croc met à jour d'autres vestiges. Un gros bouton orné du lion belge, un plus petit avec le même insigne, une plaque avec un matricule… Un des anciens propriétaires de la maison fut le garde-champêtre du village. Sans doute que le brave homme aimait donner un coup de binette à ses salades entre deux tournées. Sans se douter que les manches de ses outils menaient une guerre aux boutons de son uniforme.

Et parmi ces jardiniers du passé, qui eut tant de problèmes avec les taupes ? Je retrouve sans cesse des pièces d'aluminium percées d'un trou. C'est cette partie du piège que la taupe doit bousculer pour que les deux mâchoires de la pince se referment sur son passage. À voir le nombre de pièces déjà récupérées au fil de mes bêchages, deux hypothèses archéologiques s'affrontent. Soit le potager fut un jour transformé en champ de pièges, soit les taupes se révélèrent particulièrement aptes à désamorcer ces instruments et à emporter les petites ferrailles au fil de leurs galeries.

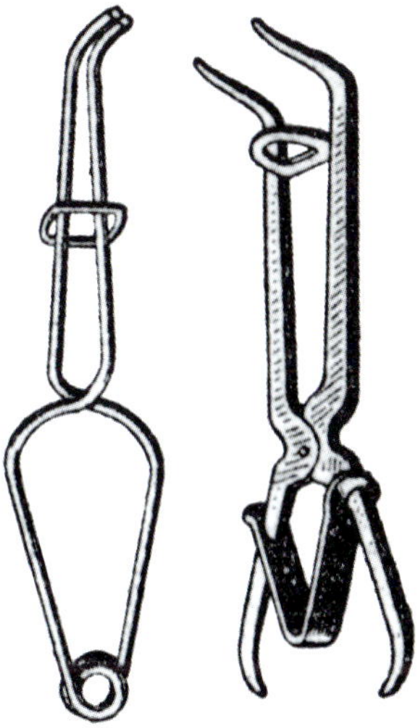

Faut-il éliminer les taupes ? À moins de posséder un gazon anglais particulièrement précieux, la meilleure attitude vis-à-vis des taupes est la patience. À la fin de l'hiver, les taupes rénovent et agrandissent leurs galeries. Les taupinières sont alors nombreuses. Il suffit de les enlever avec une pelle. La terre des taupinières que le travail de la taupe a rendue si friable pourra être utilisée pour les rempotages. Il faut éviter de simplement araser les taupinières avec la tondeuse à gazon. Le couteau de la machine tasse la base de la taupinière qui forme une tache de terre dans le gazon.

Par la suite, les taupes n'entreprennent plus de grands travaux. Elles se font même oublier.

Si des affaissements de galeries sont observés dans le gazon, il suffit d'étendre de la terre ou du sable et de passer le rouleau pour retrouver une surface plane.

Juin

Les sociologues affirment que les gens se parlent de moins en moins. Aussi, où trouver un bon conseil pour la plantation des rosiers ? Sur la place publique virtuelle ! Internet vient au secours des jardiniers branchés. Parmi les dizaines de milliers de forums qui permettent d'échanger opinions, connaissances et conseils, il existe des sites consacrés au jardinage. "J'ai rentré les fuchsias avant l'hiver et la moitié sont morts. Quelle bêtise ai-je commise ?" a lancé Jacques sur le forum francophone "fr.rec.jardinage". Sa bouteille à la mer informatique est arrivée notamment à Paris où une jardinière lui explique comment elle conserve au jardin ses fuchsias taillés, protégés sous un épais lit de feuilles mortes.

Sur Internet, l'anglais domine. Dans le forum "rec.gardens", les messages se succèdent par centaines. Quelle serre me conseillez-vous ? Quels arbres fruitiers planter sur un terrain de six mètres sur cinq ? Quels sont les meilleurs magazines de jardinage ? Les questions trouvent souvent au moins une ou deux réponses. Régulièrement sans intérêt quand elles parviennent d'un autre continent. Mais des messages restent là, complètement ignorés. Est-ce à cause de leurs titres ? Ces demandes n'ont sans doute même pas été lues dans cette surabondance de messages où l'on se surprend à picorer. Au-delà d'une apparente cordialité, Internet peut être d'une impitoyable cruauté.

L'outil fascine mais je fais le vœu qu'Internet ne soit pas le dernier endroit où l'on puisse se parler de jardinage. Un petit babillage par-dessus la haie, une discussion dans les transports en commun ou au travail, une soirée entre amis : le jardin est un merveilleux sujet de conversation.

L'art du jardinier. On trouve de tout sur Internet. Si les conseils d'un jardinier branché peuvent être utiles, rien ne vaut une bonne documentation de base. Quel manuel de jardinage peut convenir à un débutant ? Un ouvrage sorti de presse il y a quelques années fait toujours autorité. Réalisée par la Royal Horticultural Society, cette encyclopédie pratique est particulièrement complète. Grâce à trois mille photos montrant surtout les gestes à accomplir, elle permet d'acquérir des connaissances dans tous les domaines du jardinage, y compris les cultures spécialisées comme celles des cactus ou des plantes alpines. Les textes et schémas sont loin d'être superficiels. Tant au potager que dans toutes les parties du jardin ornemental, c'est une véritable formation horticole qui est dispensée au fil des lectures.
Encyclopédie pratique du jardinage, Royal Horticultural Society, éditions Sélection du Reader's Digest, 648 pages.

Nous partageons la maison avec une chatte. Tous les fins connaisseurs des félins domestiques nous le disent : c'est une chatte modèle. Jolie avec son pelage noir taché de blanc sur le museau, le ventre et le bout des pattes, elle est douce et patiente avec les enfants, voleuse de viande à la cuisine et grande chasseresse de vie sauvage au jardin.

Un soir d'été, la voyant grimper le long du toit de la serre adossée contre le mur de briques, je lui prêtais immédiatement les pires intentions. Comme moi, elle avait fini par entendre les piaillements de la nichée de merles cachée dans le lierre surplombant le pan de verre. J'arrivai trop tard. En un seul coup de mâchoire, elle avait tué tous les oisillons.

L'autre jour, découvrant des plumes éparpillées sur la pelouse, je la soupçonnai aussitôt d'avoir à nouveau réussi une prédation d'oiseau. Mais la semaine suivante, presque au même endroit, qu'avons-nous soudain aperçu par la fenêtre de la cuisine ? Un épervier ! Entre ses serres, il tenait une tourterelle. À grands coups de bec, il a arraché les plumes de sa victime avant d'en extirper des lambeaux de chair. Puis, réalisant peut-être qu'il était observé par une famille rassemblée, il a emporté sa victime d'un vol pesant.

C'est le faucon mangeur de moineaux qui avait déjà capturé un oiseau du jardin. Nous ne lui en voulons pas et nous serons heureux de l'observer à nouveau. Car ainsi est la vie. La pyramide écologique comporte de grands prédateurs. Notre jardin en accueille désormais deux. L'un se fait pardonner ses rapines occasionnelles dans les nids par force campagnols ramenés du potager. L'autre parcourt de son vol rapide notre horizon.

Les chats aiment les kiwis. C'est en Nouvelle-Zélande que se concentre la plus grande part de la production mondiale de kiwis. Lorsque l'Actinidia fut importé là-bas depuis la Chine, ses fruits verts furent baptisés du nom de l'oiseau qui constitue un emblème national dans ce pays. Auparavant, ils étaient appelées "souris végétales". Pourquoi un tel nom ? Il suffit d'observer des kiwis pour remarquer à quel point ces fruits allongés sont recouverts d'une peau ressemblant au pelage gris-roux d'une souris. Mais ce n'est pas pour cette raison que l'Actinidia attire de manière irrésistible les chats. La cause de cet attrait n'est pas encore parfaitement identifiée mais, selon certains chercheurs, il semblerait que la plante dégage une odeur imperceptible pour l'homme mais qu'apprécient particulièrement les félins. Aussi, les jeunes plants d'Actinidia doivent être bien protégés car ils peuvent beaucoup souffrir des visites incessantes des chats venant se frotter contre les troncs.

Luigi est arrivé à Liège juste après la seconde guerre mondiale. Avec mille autres Italiens, il est venu de Bergame pour travailler en usine. Ce petit homme aux quatre-vingts ans bien sonnés affirme que son potager fera de lui un centenaire. Il est vrai que l'ancien remblai industriel qu'il jardine à Sclessin est devenu une référence en matière de culture biologique. Toutes les planches à légumes explosent de luxuriance et de santé.

Luigi se fait envoyer des semences d'Italie. Pour retrouver les saveurs de son pays et étonner les visiteurs. Dans la pépinière où se développent les plantes à repiquer, il me montre un feuillage inconnu. "C'est une chicorée", explique-t-il avec son délicieux accent chantant. "À l'intérieur, c'est comme une asperge. Vous rissolez avec un peu d'ail et de l'huile. Vous mélangez aux spaghettis. Ça, c'est manger des pâtes, des bonnes."

Faut-il nécessairement être venu d'Italie, d'Espagne, de Grèce ou d'ailleurs pour cultiver d'autres saveurs sous notre climat ? Rien que du côté des salades, un tour d'horizon des catalogues de graines nous montre à quel point les variétés de nos partenaires européens pourraient apporter un peu de couleur et de fantaisie dans nos potagers et… nos assiettes. Une salade sur deux consommées chez nous serait produite dans un potager. Quand un légume connaît une telle popularité, autant remplir nos saladiers sans nous lasser. Les bonnes vieilles laitues semées chez nous comme "Reine de mai", "Grosse blonde paresseuse" ou "Attraction" ne pâliront pas de jalousie si leurs cousines "Carmona", "Giada", "Buttercrunch" et "El Toro" devenaient leurs voisines de ligne. Vive l'Europe des salades !

Chaud tunnel. Il existe un moyen tout simple de hâter des salades. Des arceaux sont créés avec de simples tubes en plastique pour fils électriques. Sur ces arceaux, on étend une feuille de plastique qui va faire office de serre. Du côté du vent dominant, le plastique est enterré dans une tranchée. À chaque bout, le film est tendu et attaché à un piquet. Pour l'aération et les travaux, le film doit pouvoir être soulevé. Du côté où il est laissé libre, le plastique est donc simplement attaché aux arceaux avec des pinces à linge.

Cette semaine, pour la deuxième fois ce printemps, le nichoir placé contre le pignon de la cuisine s'est mis à retentir de piaillements incessants. La seconde nichée des mésanges charbonnières est donc éclose. Ces petits cris constituent un puissant stimulant nourricier pour les parents. Ils ont débuté un véritable pont aérien, apportant sans cesse des proies à leur marmaille.

Le vol d'approche est toujours le même. Les mésanges se posent d'abord dans le jeune tilleul près de la terrasse. Si la voie est libre, trois coups d'ailes suffisent pour s'engouffrer dans le nichoir et déclencher un redoublement des pépiements. Nous savons alors qu'un grand gosier vient d'être rassasié.

L'autre jour, je ligaturais les tiges du rosier grimpant, juste sous le nichoir. Du tilleul me parvint alors le cri nasal d'une mésange. C'était comme un grognement d'impatience. Je compris aussitôt. Trois pas en arrière suffirent pour laisser le passage à un bel arrivage de chenilles, salué, comme il se doit, de petits cris.

D'autres oiseaux nichent bien sûr en ce moment au jardin. Cette année, des gobe-mouches gris ont installé leur nid dans la vigne vierge. Si je n'avais pas entendu leur cri dur et bref, je n'aurais probablement pas remarqué leur présence, tant le plumage gris-terne de l'oiseau lui permet de se confondre dans la végétation. En ce moment, ravitaillée par le mâle, la femelle couve, nullement impressionnée par les jeux des enfants juste sous le nid. Bientôt, le couple redoublera d'activité pour nourrir les oisillons. Mouches, coléoptères et petits papillons, vous ne pourrez que contribuer à la grande pyramide écologique du jardin : les gobe-mouches sont de redoutables chasseurs !

Le nichoir en pratique. Les mésanges ont toujours fait preuve d'une grande souplesse dans le choix de leurs sites de nidification. Outre les cavités naturelles, elles peuvent s'installer dans une boîte aux lettres, dans un vieux corps de pompe, dans un tuyau, au cœur de ferrailles abandonnées... Autrement dit, un nichoir posé dans un jardin ne constitue pas, pour elles, un site de nidification prioritaire à préférer à tous les autres dont elles disposent dans le voisinage. Pour mettre néanmoins toutes les chances de son côté, le nichoir doit offrir une ouverture d'un diamètre de 28 à 30 mm pour les mésanges bleues et une ouverture d'un diamètre de 30 à 32 mm pour les mésanges charbonnières. Cette dernière ouverture étant aussi favorable aux moineaux, il est possible que le nichoir soit disputé aux mésanges par des pierrots.
Hauteur et orientation importent moins mais il faut bien sûr veiller à ne pas exposer inconsidérément le nichoir à la canicule du soleil de midi, aux vents dominants chargés de pluie ou à la prédation des chats.
Le nichoir doit être nettoyé durant l'hiver. Il faut enlever le nid des locataires précédents qui peut occuper une grande partie du volume.

Les jardiniers ont toujours cherché à devancer la belle saison. Les horticulteurs professionnels et les jardiniers de châteaux aménageaient des couches chaudes. La fermentation d'une masse végétale à base de fumier de cheval chauffait un coffre de bois surmonté d'un châssis vitré. Dans du terreau ainsi porté à vingt degrés, on semait, dès janvier, des salades, des carottes, des poireaux, des radis, des choux et des fleurs.

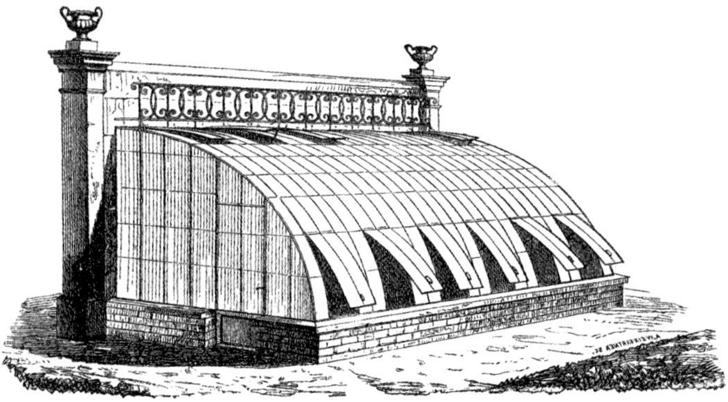

Et les serres ? Elles étaient très chères et surtout réservées aux plantes de collection. Au potager, on utilisait plutôt des cloches de verre pour forcer laitues, melons ou tomates. Soufflées durant trois siècles dans l'Est de la France, les cloches n'ont pas survécu aux bombardements des verreries durant la première guerre mondiale. Les dernières cloches sont désormais des objets de collection qu'on n'oserait surtout pas déposer au jardin.

Aujourd'hui, les petites serres se multiplient. Le développement des technologies de l'aluminium et une rude concurrence entre constructeurs permettent d'offrir sur le marché des serres de douze mètres carrés à moins de cinq cents euros ! Aussi, de plus en plus de jardiniers s'offrent le plaisir de semer leurs tomates, de manger de la salade dès le mois d'avril, de développer tous les plants à repiquer au potager et de cultiver eux-mêmes les tagettes ou pétunias qui garniront les jardinières. Aux yeux des jardiniers de jadis, nous sommes de véritables privilégiés. Un vendeur de serres me racontait qu'il venait de monter un petit modèle dans le potager d'un monsieur de quatre-vingts ans. Le vieux jardinier avait les larmes aux yeux : il avait rêvé d'un tel bijou durant toute sa vie.

Nettoyage anti-parasites. Les vitres de la serre se recouvrent comme les tuiles d'un toit et des saletés s'accumulent entre les deux carreaux. Pour les enlever, il suffit de glisser un morceau de bristol entre les vitres. Ce n'est pas par manie de la propreté absolue que ce nettoyage est important. Ces joints peuvent être le refuge de parasites qui s'attaquent aux cultures.

Hier, j'ai paillé le pied des baliveaux qui composent la jeune haie plantée cet hiver le long de la clôture du poulailler. J'ai en effet le secret espoir qu'en gardant ainsi le sol humide par ces temps de sécheresse, les aubépines, les charmes, les cornouillers, les viornes et les fusains m'offriront encore une petite croissance de leur bois. Mais je ne dois plus espérer des prouesses de vigueur : nous voici à l'aube de la Saint-Jean. Cette semaine, le cours des jours va déjà s'inverser.

Comme les vagues d'une marée qui s'épuise, la lumière qui s'avançait chaque jour un peu plus loin sur la plage des ténèbres freine ses ardeurs lorsqu'approche le solstice. Le combat du jour et de la nuit connaît un moment d'accalmie aux alentours du 24 juin, fête de saint Jean-Baptiste, puis le soleil reflue imperceptiblement. À la fin du mois, nous aurons déjà perdu six minutes de jour.

Depuis le premier jour du printemps, treize semaines se sont écoulées. La plupart des plantes du jardin n'ont même pas besoin d'un telle quantité de jours pour développer leur végétation. Dès l'ouverture des bourgeons des arbrisseaux de la haie, les jeunes rameaux tendres et verts se sont allongés à toute allure tandis qu'apparaissaient les feuilles. Après le temps de la croissance, voici déjà le moment de penser à la perpétuation. Les arbres édifient les bourgeons du printemps. Les fleurs préparent abondance de fruits et de graines. Certaines sont même très pressées. Le potager déborde de fraises tandis que groseilles et cerises mûrissent allègrement. Voilà une belle preuve de la vitesse à laquelle des plantes peuvent accomplir le cycle annuel de la vie. Les petits fruits rouges prennent l'été pour l'automne. Les gourmands comme moi ne s'en plaignent pas.

Un binage vaut deux arrosages. Puisque le sol perd son eau au fil de l'été, autant ralentir cet assèchement et retarder le plus longtemps possible la valse des arrosoirs. Aussi, de nombreux jardiniers binent leur potager. La binette enlève les herbes indésirables consommatrices d'eau, mais son travail détruit surtout les microfissures du sol. Ces petits canaux facilitent les remontées d'eau par capillarité depuis les couches plus profondes. Mais si un binage vaut deux arrosages, selon le vieux dicton, c'est aussi parce que l'ameublissement de la surface permet une bonne pénétration de la rosée ou d'une éventuelle pluie.

Beaucoup plus efficace que le binage, la couverture du sol préserve longtemps le capital d'humidité de la terre. Des tontes de gazon, de la paille, des débris végétaux divers (attention aux graines d'herbes indésirables) sont disposés entre les cultures. Les pertes d'eau par évaporation sont fortement ralenties. Mais lorsqu'il pleut, la couche de protection empêche une bonne pénétration de l'eau. Aussi, on finit souvent par devoir débuter l'arrosage.

Des phlox, des grandes marguerites, des lupins et des œillets… Il suffit qu'un jardin campagnard accueille de larges massifs de ces plantes toutes simples pour qu'on le qualifie de jardin de curé. Mais un jardin de curé était bien plus qu'un espace fleuri aux couleurs champêtres. Autrefois, les prêtres devaient méditer chaque jour leur bréviaire. Aussi, le jardin du presbytère, calme retraite au cœur du village, comportait un banc, souvent sous une tonnelle. Comme il était aussi prescrit de méditer en marchant, des allées formaient une croix. Elles étaient bordées de buis taillés. Ces petites haies enserraient des parterres. C'est dans ces espaces que les curés exerçaient leurs talents de jardiniers.

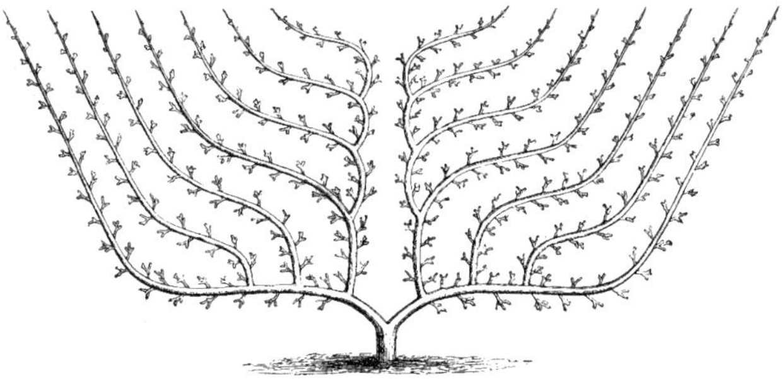

Si le prêtre était pauvre, les légumes du jardin amélioraient son ordinaire. S'il n'était pas dans le besoin, son potager était au moins une manière de partager le travail et les préoccupations des paroissiens. Les fleurs étaient avant tout utilisées pour orner l'autel de l'église. On cultivait un peu de tout, au hasard des échanges entre curés ou avec les villageois, mais certaines plantes étaient privilégiées. En fonction de leur appellation comme le lis de la madone ou le cœur de Marie. En fonction de la couleur des fleurs. Le blanc ou le bleu étaient réservés à l'autel de la Vierge Marie. Et puis, le jardin comportait encore des plantes médicinales. Au séminaire, les prêtres recevaient souvent des rudiments de botanique et d'herboristerie pour se soigner avec les plantes ou composer un petit remède pour une famille qui ne pouvait payer le pharmacien.

Les hauts murs qui enserraient les jardins de curés accueillaient des arbres fruitiers en palmette. Bien exposés au sud, les poiriers des anciennes variétés de nos régions offraient des fruits d'une saveur incomparable. Chaque printemps, les abeilles des quelques ruches abritées au fond du jardin assuraient la pollinisation, gage d'une belle récolte.

Aujourd'hui, les prêtres n'ont plus le temps de jardiner. Et les jardins de curés sont en voie de disparition. Mais ces espaces ne sont pas voués à l'oubli. Plutôt que d'aménager leur terrain à la manière anglaise, qui est aujourd'hui une grande référence, des jardiniers choisissent de perpétuer cette ambiance si particulière. N'est-ce pas une belle manière de vivre avec simplicité les joies du jardinage à la campagne ?

Le lupin déteste les sols calcaires. Les lupins vivaces doivent être plantés en un groupe de trois à cinq individus afin d'obtenir un bel effet de masse des floraisons. Il faut espacer les plantes de quarante à soixante centimètres. On leur réservera un emplacement ensoleillé tout en évitant de les planter contre un mur exposé plein sud. Il est important de placer les lupins parmi des plantes vivaces à floraison estivale plus tardive. Les fleurs des lupins étant déjà à maturité en août, ces plantes assureront la continuité de la présence de couleurs dans le parterre.

Les lupins détestent le calcaire sous toutes ses formes, qui provoque le jaunissement du feuillage et le dépérissement de la plante. Le résultat sera également compromis dans les terres ayant reçu de la chaux ou des engrais calcaires.

Juillet

Un voisin nous a offert une bouture de son buddleia. Dans notre village, de tels partages amicaux entre jardiniers sont courants mais cette petite attention nous a comblés de joie. Parce que nous n'avions pas encore d'arbre à papillons au jardin et surtout parce que cet arbuste particulièrement attractif accueille un ballet permanent d'ailes multicolores.

À mes yeux, l'apothéose des floraisons de juillet n'est complète que si elle est associée à des vols de papillons. Un parterre a beau exploser de luxuriance, il me semble qu'il lui manque quelque chose si un insecte ne profite pas du nectar et du pollen offerts par tant de corolles.

Parmi les messagers du printemps figure la petite tortue, un beau papillon aux ailes d'un brun orangé brillant, tachées de noir et bordées de fines lunules bleues. Dès les premiers beaux jours, il sort de sa léthargie et on le voit butiner les saules en chatons. Ensuite, les apparitions du papillon se font de plus en plus fréquentes et un étrange manège se déroule dans le recoin où nous laissons volontairement pousser un massif d'orties. Ce qui intéresse les petites tortues, ce ne sont pas les fleurs mais les piquantes feuilles. Elles seules peuvent accueillir leurs œufs et assurer le développement des chenilles.

Sapristi ! Voici que des carottes font grise mine. Les coupables ont rapidement été identifiés : des chenilles du machaon, un splendide papillon de nos régions aux ailes jaune et noir. D'abord sombres, ces chenilles se dotent d'un beau vert vif ceinturé de noir au fur et à mesure qu'elles grandissent. Mais sous ces couleurs chatoyantes se cachent des estomacs sur pattes d'une voracité inimaginable. Tant pis pour les carottes : le vol d'un machaon est un vrai moment de bonheur.

Jardin papillons admis. La flore du jardin comporte bien d'autres plantes à papillons. L'œillet des prés — comme l'œillet des poètes de nos jardins — possède à la fois pistil et anthères dans un long calice en forme de tube au fond duquel se trouve une source de nectar. Seul un papillon peut effectuer la pollinisation grace à sa longue trompe. La plupart des papillons ont une trompe adaptée à la longueur de la corolle des fleurs visitées. La saponaire commune présente un calice si profond que seul le petit Moro-Sphinx peut y avoir accès. Les phlox et les sauges l'attirent également.
Le Sphinx du troène est aussi un visiteur des lilas, le Sphinx du liseron apparaît également sur les pétunias. Ces papillons plutôt crépusculaires ne se posent jamais sur la fleur mais restent comme suspendus dans l'air par des battements d'ailes très vifs. Ils plongent alors délicatement leur trompe de calice en calice.
D'autres exemples ? Le Flambé s'observe au printemps sur les lilas, une simple touffe d'origan attire les Vulcains en nombre, le Myrtil jaune et brun aime les scabieuses tandis que le Grand Nacré papillonne de chardon en chardon.

J'ai une tendresse particulière pour mes outils de jardinage. Mais il est un manche que je n'aime pas saisir parmi l'alignement de bois de frêne patinés qui occupe tout un pan de la cabane de jardin. Le croc est l'outil que j'apprécie le moins. Il est pourtant indispensable. Juste après le bêchage, lui seul permet de casser efficacement les grosses mottes de terre. Il faut tirer, pousser, frapper, autant de mouvements qui, faute d'un rythme régulier, vous laissent vite essoufflé. Aussi, mon travail au croc est toujours interrompu par de petites pauses. Elles me permettent d'observer le jardin. Appuyé sur le manche, je surprend le vol d'un chardonneret, je guette le passage des abeilles aux pattes chargées de pollen, je détaille l'architecture des branches d'un arbre à tailler…

Et puis, mon regard s'évade du jardin pour saisir toute la vie du village. Les haltes du facteur au fil de sa tournée, le passage du boulanger, l'arrivée du vétérinaire à la ferme voisine, le ballet des tracteurs agricoles sont autant de petits faits qui retiennent l'attention. Ce n'est en aucun cas de la curiosité déplacée. Dans un petit village, chacun pose un regard sur les activités des autres. C'est une manière de communier à la vie sociale. Un visiteur, une livraison, un travail qui sort de l'ordinaire, tout est vu… et souvent commenté. Aujourd'hui, la télévision fait en sorte que l'actualité du monde est mieux connue que celle de la rue.

Toute l'ambiance des romans d'Arthur Masson n'est plus de mise. Mais un passant peut toujours vous demander avec un brin de malice pourquoi vous dansiez vendredi dernier au milieu de votre potager. Même s'il avait parfaitement vu qu'une poule s'était échappée de l'enclos…

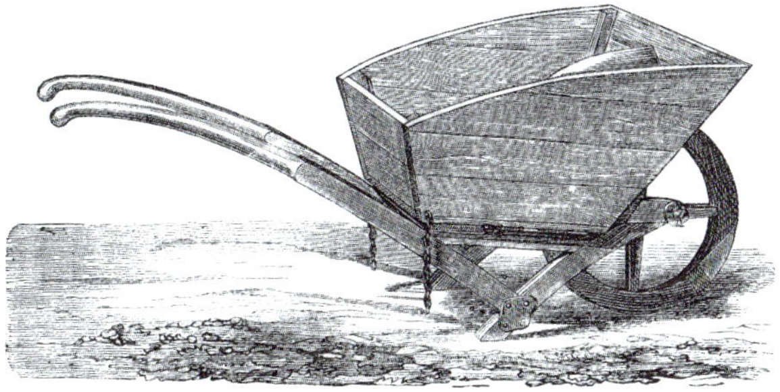

Bêche et brouette. Dans les livres et revues de jardinage, on dit toujours que pour pouvoir travailler le sol, il faut que la terre soit bien "ressuyée". Cela veut dire que le sol ne doit plus être gorgé d'eau. Circuler sur une terre détrempée ne peut que provoquer un compactage en profondeur. Comment savoir si le moment est favorable ? Il suffit d'examiner une motte de terre. Elle ne doit plus coller aux doigts et on doit pouvoir l'émietter sans problème. On peut alors bêcher.
Pour bien bêcher, il faut aussi une brouette. Comme on retourne la terre devant l'endroit où on l'a prélevée, le sol est déplacé vers l'avant. Aussi, la brouette recueille la terre du premier rang. Cette terre servira à combler le dernier sillon creusé en bout de parcelle.

Hou, hou ! Chaque matin, le couple de tourterelles installé au jardin nous fait entendre ses roucoulements amoureux. Pendant longtemps, le couple s'est obstiné à nicher sur une branche du cerisier japonais. Mais autant les tourterelles sont jolies avec leur plumage chamois pâle et leur collier noir, autant elles sont piètres bâtisseuses. Elles ne construisaient qu'une plate-forme faite de quelques branches superposées. Les deux œufs blancs semblaient à la merci du moindre souffle de vent. Chaque printemps, des jeunes finissaient par se tuer sur le sol du sentier. Après ces expériences malheureuses, nos tourterelles nichent désormais sous la corniche, à l'arrière de la maison. Avec bonheur : les jeunes quittent le nid sans encombre.

La tourterelle est originaire de Turquie et des Balkans limitrophes. À partir des années trente, allez savoir pourquoi, la tourterelle se sent une âme de conquérante. Au départ du Bosphore, elle colonise l'Europe entière. En quelques battements d'ailes, elle atteint l'Autriche en 1938, l'Allemagne en 1943, la France et les Pays-Bas en 1950 et la Belgique en 1952.

Dans sa région d'origine, la tourterelle préfère les contrées arides dépourvues d'arbres. Chez nous, c'est la proximité des habitations qui conditionne son installation. Nous avons effectivement l'impression que le jardin suffit au bonheur du couple installé à la maison. Nous voyons les tourterelles arpenter la pelouse ou le potager. Nous les voyons surtout se rendre au poulailler. La mangeoire toujours pourvue de grains est une manne d'abondance. Les poules auraient-elles compris que les deux oiseaux font partie de la famille ? Elles n'ont jamais montré la moindre agressivité vis-à-vis des tendres picoreuses.

Découvrir les oiseaux du jardin. Nos jardins sont l'endroit idéal pour découvrir les oiseaux qui vivent autour de nous. Déjà compartimentés par les murs ou les haies, ils concentrent souvent en peu d'espace une grande variétés de milieux : la pelouse rase, les arbres, les arbustes, les buissons, le potager, les plantes grimpantes sur le vieux muret, un tas de branchages dans un coin, autant de possibilités de nidification et de sources de nourriture à même de favoriser la présence d'une avifaune particulièrement diversifiée. Pour identifier à coup sûr les apparitions qui nous laissent pantois, il faut un ouvrage illustré qui rassemble les oiseaux de nos régions et permette de leur donner un nom. Ce n'est pas le choix qui manque. Chaque librairie en présente une belle série sur l'étagère réservée aux livres nature. Une valeur sûre : le *Guide des oiseaux d'Europe* par Peterson et coll., éditions Delachaux et Niestlé.

Un des paniers suspendus à la mode anglaise devant la maison a été planté d'un seul et unique plant de surfinia. Dès le début du mois de mai, la plante a développé son feuillage qui s'est bien vite mis à pendre dans le vide. Ensuite, une première fleur violette est apparue suivie d'une autre et d'une autre encore. Depuis des semaines, ce surfinia est une cascade de floraisons. La plante est en permanence couverte de dizaines de corolles serrées les une contre les autres.

Mais l'abondance florale du surfinia a un prix. Tout d'abord, un simple petit plant à repiquer coûte plus d'un euro vingt-cinq. Ensuite, il faut beaucoup d'engrais. Le terreau de notre panier a reçu des granulés d'amendement à libération progressive tandis que de l'engrais liquide est régulièrement ajouté à l'eau d'arrosage. Inutile de semer les graines pour reproduire la plante l'année prochaine. Comme le surfinia est une amélioration hybride du pétunia, on n'obtient qu'une des lignées parentales. Le surfinia ne se multiplie que par bouturage. Il faut non seulement le réussir mais il est aussi réservé aux horticulteurs ayant obtenu une licence de la société propriétaire des gênes.

Face à tant de contraintes, le bidens se sème et se cultive sans difficulté. Un sachet de graines de cette plante, dont la fleur jaune ressemble à une pâquerette, permet de produire des centaines de plants à repiquer. Installé dans les jardinières entre les géraniums et les pétunias, le bidens est si généreux qu'il faut parfois le tailler. Les fleurs qui se développent jusqu'aux premières gelées attirent les abeilles et les papillons. Les graines peuvent être récoltées et offertes aux voisins et amis. Avec le bidens, la nature fait preuve d'une vraie générosité.

Hissez le panier. Pour pendre un panier le long d'un mur, on trouve dans le commerce de petites potences en fer forgé spécialement conçues pour cet usage. Elles doivent être fixées solidement avec de bonnes chevilles, car un panier suspendu en plein développement peut peser plus de dix kilos.

Pour pouvoir accéder au panier suspendu sans devoir sans cesse poser une échelle contre le mur, nous pouvons utiliser de petites poulies pour monter et descendre le panier au bout d'une corde. La matière idéale pour la corde : du nylon qui résistera aux intempéries et aux frictions. Pour enlever les fleurs fanées et pour l'arrosage, le panier peut être descendu à la hauteur des mains. Après quoi, comme on hisse la voile d'un bateau, il reprend sa position pour se balancer au gré du vent.

Les visiteurs sont toujours très étonnés. Un recoin de notre jardin est en effet laissé à lui-même. Pas par négligence mais bien pour que la flore sauvage puisse s'y développer, en fonction de la nature du terrain et de l'exposition. Contre le mur du potager où le sol est plus humide, une touffe d'orties bénéficie sans doute de l'azote lessivé par les pluies le long du terrain légèrement pentu. Ces orties sont précieusement sauvegardées. Parce qu'au printemps, elles fournissent leurs tendres pousses qui sont transformées en potages. Parce qu'en été, elles contribuent à la fabrication d'un purin nourricier servant à l'arrosage des tomates. Parce qu'à l'automne, elles rejoignent le tas de compost où elles se révèlent d'efficaces activatrices du processus de fermentation.

D'autres plantes sauvages sont présentes. Une petite surface a été colonisée il y a quelques années par des épilobes en épi. Elles forment à présent un beau massif. Les floraisons qui explosent en juillet sont une source importante de pollen et de nectar pour les abeilles et autres insectes butineurs. Mais l'épilobe est aussi une plante hôte pour un superbe papillon nocturne de nos régions, le grand sphinx de la vigne. Malgré sa taille impressionnante qui peut atteindre huit centimètres, il faut un œil exercé pour localiser la chenille parmi le feuillage des épilobes dont elle se nourrit. La chenille, qui porte le nom de "grand-pourceau", est impressionnante : dérangée, elle rétracte son "groin" dans l'abdomen, ce qui lui donne un air particulièrement menaçant. Elle est cependant totalement inoffensive. Le grand sphinx de la vigne n'est pas très abondant dans nos régions. Voici une autre bonne raison pour laisser une place de choix à l'épilobe au jardin !

Un coup de fouet pour les légumes du potager. Le purin d'orties est un insecticide de contact qui peut tuer les pucerons. Il constitue aussi un engrais azoté qui stimule bien la croissance des légumes tout en améliorant leur résistance aux maladies et aux insectes ravageurs.
Pour fabriquer ce purin, il faut récolter des orties fraîches non montées en graines, sans les racines. À raison de dix litres d'eau par kilo d'orties, notre récolte est mise à macérer dans un récipient non métallique pour éviter la formation d'oxydes. Après quelques jours, une odeur guère agréable nous confirme que le purin s'est formé. Il ne faut surtout pas l'utiliser pur sous peine de brûler les plantes. Tant pour l'arrosage que pour la pulvérisation, chaque litre de purin est dilué dans dix litres d'eau.

Depuis que la marraine de Cendrillon a transformé une citrouille en carrosse, ces gros légumes seraient-ils dotés de quelque pouvoir magique ? Voici que les potirons ont reconquis le cœur des jardiniers. Après des lustres d'abandon, ils occupent à nouveau une place de choix dans les potagers. Dès la fin de l'été, on voit de ci de là des potirons alignés devant une maison, comme si le jardinier voulait partager sa joie de la récolte avec tous les passants. Les pages locales des quotidiens présentent même des champions du jardinage posant à côté d'énormes ballons végétaux.

Cette renaissance du potiron a peut-être une explication. Chaque second dimanche de septembre, depuis bientôt vingt ans, une joyeuse équipe fête les légumes curieux et oubliés à Tourinnes-Saint-Lambert, en Brabant wallon.

Des potirons de belle taille alignés sur un lit de paille, des animations, des artisans, beaucoup de bonne humeur… la foire aux potirons accueille des milliers de visiteurs. Portée lors de sa fondation par une toute jeune mouvance de retour écologique à la nature, de jardinage biologique, de mieux-vivre, la foire aux potirons est devenue un des grands rendez-vous internationaux des jardiniers collectionneurs de variétés de cucurbitacées.

La prochaine édition de la foire se prépare d'ores et déjà. Partout en Belgique, des centaines de passionnés cultivent dans leur lopin quelques plants de potirons. Objets de soins jaloux durant de longues semaines, les fruits viendront participer à Tourinnes-Saint-Lambert à une série de concours : le potiron le mieux décoré, le potiron ayant fait le plus de chemin pour venir à Tourinnes, le potiron le plus lourd. Record de poids à battre : 250 kilos. Mais Tourinnes-Saint-Lambert est encore loin du record mondial établi aux États-Unis : une demi-tonne !

Des graines de potirons gratuites. Pour inciter les jardiniers à cultiver des potirons qui pourront peut-être établir un nouveau record de poids, les organisateurs de la Foire aux potirons offrent des semences. Ils glissent des petits sachets de graines dans les enveloppes timbrées qui leur parviennent de partout en Belgique et même du Nord de la France. Huit mille sachets de dix graines arrivent ainsi dans autant de boîtes aux lettres de jardiniers. Pour recevoir un sachet de graines, il suffit d'envoyer début avril une enveloppe timbrée et libellée à son nom. Les graines seront expédiées par retour du courrier.

Foire aux potirons
Pachis du Capitaine, 4
1457 Tourinnes-Saint-Lambert.

À l'entrée de la serre adossée où je cultive trois pieds de vigne pend toujours une botte de brins de raphia. Le soleil réchauffe le jaune clair de cette chevelure végétale qui crée un bel effet décoratif sur le mur de briques. C'est avec ces liens que j'attache les sarments. La ligature est placée à hauteur de la fleur pour supporter le poids de la future grappe. Travaillant au jardin, je viens souvent prendre un bout de raphia pour attacher la tige d'une haute vivace à un tuteur de bambou, guider une nouvelle pousse de rosier grimpant ou écarter une branche que l'on accroche au passage.

Est-ce un fragment de paille, une feuille séchée ? Pendant longtemps, je ne me suis posé aucune question quant à l'origine de ces liens. Jusqu'au jour où j'ai découvert le Raphia farinifera. Ce grand palmier poussant à Madagascar produit chaque année des pousses rectilignes qui épanouissent ensuite les folioles composant les nouvelles feuilles. C'est en juillet que les villageois partent couper ces pousses dans les forêts naturelles ou dans les raphières où l'arbre est planté pour intensifier le travail de récolte. Les jeunes folioles sont épluchées de manière à obtenir de fins filaments verts qui sont mis à sécher au soleil sur des supports de bois. Chaque épluchure deviendra un brin de raphia.

Depuis cette découverte, j'utilise le raphia sans le gaspiller. Ce n'est pas par avarice. Je veux en fait respecter le travail des paysans qui ont produit les brins. Il faut trois palmiers pour obtenir un kilo de raphia. Au bout d'une campagne de coupe, une famille peut éplucher et sécher quarante kilos de liens vendus au marché à faible prix. Aussi, ces brins peu coûteux ont maintenant pour moi une richesse. Je dirais même une certaine noblesse.

Mon beau sapin. De plus en plus, les maisons et les jardins contribuent à l'ambiance de Noël. Plutôt que d'orner les conifères de guirlandes synthétiques, nous pouvons privilégier les matières naturelles. Les arbres peuvent être décorés avec de petites bottes de fins rameaux attachés avec du raphia. De longs brins de raphia simplement noués au bout des branches peuvent aussi apporter une touche claire.

Août

Tous les ans, c'est le même refrain. Dans leurs propositions de travaux, les revues de jardinages et les guides pratiques nous rappellent que le jardinier doit accorder un minimum d'attention à ses outils. Un coup de brosse en fer pour enlever la boue héritée des derniers travaux, un badigeonnage complet à l'huile de lin pour prévenir la rouille de l'acier et nourrir le bois des manches, sans oublier un coup de lime sur le tranchant de la houe et de la binette.

Malgré les apparences, cette information traditionnelle n'est pas du rabâchage de chroniqueurs en manque d'inspiration. Elle traduit plutôt la relation souvent très étroite qu'entretiennent les jardiniers avec leurs outils. Lors d'un tournage pour l'émission "Jardins & loisirs", un jardinier, dans la soixantaine, nous présente sa bêche. Elle est si usée qu'il ne reste plus que la moitié du fer. Et l'homme de nous raconter avec émotion que l'outil est celui de son père. Enfant, il a vu son papa l'acheter et l'utiliser. À son tour, il a bêché au fil des ans avec le même instrument. Aujourd'hui, il ne voudrait pas d'une autre bêche pour tout l'or du monde.

Prolongement de la main, compagnon d'un travail souvent solitaire, l'outil du jardinier est aussi affaire de tradition selon les régions. En Wallonie, le manche des bêches diffère selon que l'on jardine en Hainaut ou dans le Condroz. Ici, on récolte les pommes de terre à la fourche. Là-bas, on préfère un outil à deux grandes dents, inconnu en Belgique. Henri Vincenot décrit dans ses romans paysans des outils modelés par le forgeron en fonction de la stature de l'utilisateur. Dans d'autres mains, le travail de la houe ou de la serfouette devenait imparfait.

Outils de jadis. Les outils qui ont accompagné des générations de jardiniers sont réunis dans un superbe livre. Avec ses innombrables photos, *Outils de jardin* est un espace de rêve. Au fil des pages, Guillaume Pellerin présente ses collections d'outils de jadis. Bêches, râteaux, sécateurs, arrosoirs des siècles passés sont les derniers témoins du travail de tant de jardiniers anonymes. Les derniers témoins de grandes passions pour le jardin et le travail de la terre.

Outils de jardin, Guillaume Pellerin, éditions Abbeville, 160 pages.

L'autre jour, en revenant de la serre, mon regard fut attiré par les soubresauts d'une taupinière. En bordure du chemin que nous suivons sans cesse au travers du gazon, une taupe était en pleine action. À tout instant, le sommet du petit dôme se soulevait et de la terre finement émiettée ruisselait sur les flancs de ce mini-volcan. Quelques centimètres plus bas, la taupe devait redoubler d'efforts.

La taupe creuse sa galerie d'une seule patte, changeant régulièrement de côté afin d'équilibrer l'usure des griffes dont est munie cette pelle animale. Elle plaque son corps contre la paroi du boyau pour rejeter la terre derrière elle. Une fois la masse de déblais importante, elle se retourne avec une souplesse extraordinaire. Une patte en avant, elle se transforme alors en bulldozer. Prenant appui sur les pattes de derrière aux griffes plantées dans le sol, elle assène des coups de butoir qui ont vite fait de pousser les déblais vers l'arrière de la galerie. Le convoi de terre est ainsi dirigé dans une cheminée verticale creusée auparavant. La taupe pousse alors au-dessus d'elle une masse de terre pesant souvent plus de dix fois son propre poids. Direction : la surface où la taupinière, ainsi alimentée de l'intérieur, ne tarde pas à s'élargir.

Lorsque la galerie s'est bien allongée, la taupe creuse une nouvelle cheminée d'évacuation pour ne pas devoir pousser les déblais sur une trop longue distance. La terre de cette cheminée est utilisée pour reboucher la cheminée précédente. Mais la taupe ne tasse surtout pas. Le vent s'infiltre dans la taupinière, descend par la cheminée et vient aérer les galeries où règne ainsi un fin courant d'air. La taupe, dont l'odorat est si fin, a-t-elle senti le jardinier assis au milieu de ses taupinières pour épier son travail ?

La taupe n'est pas myope. Dans les livres pour enfants, la taupe est souvent représentée avec d'épais lorgnons. Les dessinateurs devraient plutôt munir leurs taupes de lunettes noires, car celles-ci sont aveugles. Les minuscules yeux ne se développent pas complètement durant la gestation. La taupe ne voit donc ni mouvements, ni lumière forte. Mais si la vue fait défaut, l'ouïe, le toucher et l'odorat sont des plus développés. Grâce à l'extrême sensibilité des poils tactiles qui ornent son museau et les pattes en forme de pelles, la taupe peut se déplacer à toute allure dans ses galeries, en avant comme en arrière puisque la courte toison, implantée perpendiculairement à la peau, n'est jamais à rebrousse-poil. Alors qu'on la pense indolente, la taupe est plutôt active. Son important métabolisme lui impose d'ingérer chaque jour son propre poids de lombrics et d'insectes. Pour rencontrer ses proies au hasard de ses pérégrinations dans le réseau de galeries, la taupe doit circuler sans cesse sous terre. Hiver comme été.

Elle nous reste fidèle. Une chauve-souris effectue ses chasses nocturnes autour de la maison. L'été dernier déjà, elle avait élu domicile au jardin, nous offrant dès le crépuscule le spectacle de ses vols rapides. Le circuit parcouru a la forme d'un huit. La chauve-souris décrit une boucle au-dessus de la pelouse à l'arrière de la maison, puis elle vient effectuer une autre boucle au-dessus de la terrasse, sur le côté de notre habitation. Pour passer d'une surface à l'autre, elle longe le coin de la maison. C'est là que je me poste. Appuyé contre le mur, j'observe la chauve-souris au passage. Il arrive souvent qu'elle vole à seulement deux mètres de haut. Je l'ai un jour éclairée d'un coup de lampe de poche. Juste le temps de distinguer la couleur de son pelage. Le ventre n'était pas clair : notre chasseresse de moustiques serait donc une pipistrelle, la plus commune des chauves-souris de nos régions.

Quand la chauve-souris chasse en vol, elle effectue de grandes embardées pour capturer les insectes au passage. On entend alors distinctement le bruit des carapaces de chitine broyées par les dents de la pipistrelle. Comment la chauve-souris fait-elle pour repérer ses proies ? Elle dispose d'un système de radar qui la renseigne en permanence sur son environnement. Un soir, j'ai lancé un petit caillou dans sa direction de vol. La chauve-souris a aussitôt infléchi sa route. Si mon gravier avait été un papillon de nuit bien gras, l'affaire aurait été aussitôt conclue dans un nouveau bruit de dents.

Les superstitions ridicules ont la vie dure et beaucoup de personnes de passage au jardin ne partagent notre enthousiasme pour la chauve-souris. Elle nous apporte pourtant du bonheur. Le bonheur de savoir le jardin riche de vie sauvage.

Le jardin, la nuit. Une fois la nuit tombée, on pourrait penser que le jardin est au repos jusqu'au lendemain matin. Détrompez-vous : pendant notre sommeil, tout un petit monde qui attendait l'obscurité se met en mouvement. Une chouette effraie survolera peut-être la pelouse dans le plus grand des silences. Le hérisson se déplace en grognant dans le potager où il croque les coléoptères et limaces qui ont aussi quitté leurs cachettes. Les mulots et les campagnols parcourent les environs de leurs terriers à la recherche de fruits secs et de végétaux à débiter. Même des fleurs ne sont pas au repos. Si la pâquerette referme ses pétales au crépuscule, des fleurs s'ouvrent et répandent leurs parfums la nuit. Ainsi, le chèvrefeuille de la haie sera ardemment visité par les papillons de nuit. Un de ces prochains soirs, n'hésitez pas à attendre la nuit noire pour parcourir les allées, une lampe de poche à la main. La nuit, votre jardin mène une seconde vie…

L'aventure a débuté un soir d'hiver. En feuilletant un catalogue de graines potagères venu d'Allemagne, j'ai découvert des graines de soja. Pourquoi le grainetier les avait-il placées parmi ses laitues, ses carottes et poireaux ? Afin de satisfaire la demande de collectionneurs de plantes insolites ou parce que cette variété présente un intérêt horticole dans nos régions ? Ma curiosité me coûta 4, 35 marks : j'ajoutai un sachet de graines de soja à ma commande.

Dès la mi-mai, nous avons semé deux lignes de ces grains blancs, plus petits et plus arrondis que des haricots. La levée fut parfaite. Les plantules, couvertes d'un fin duvet, présentaient des tiges denses et rigides. La croissance ne serait donc pas particulièrement rapide. Si du soja allait effectivement pousser au potager, disposerait-il de suffisamment de temps pour fleurir et développer des gousses avant les premières nuits froides de septembre ?

Lentement mais sûrement, le soja poussa. Les plantes furent finalement aussi grandes que les haricots semés à proximité. Nous avons bien failli ne pas remarquer les premières fleurs tant les corolles sont discrètes. Par la suite, des gousses toutes velues apparurent et s'arrondirent au fur et à mesure du développement des grains qu'elles abritaient.

Tout l'été, nous avons joué aux devinettes, surprenant les amis jardiniers de passage au potager. Jusqu'au jour de la récolte où les plantes de soja furent liées en bottes et mises à sécher au bout d'une ficelle dans une remise. Plusieurs soirées furent nécessaires pour extraire les graines des gousses durcies. Notre récolte fut transformée en tofu, un fromage végétal fabriqué avec le lait obtenu lors de la cuisson des grains. Après le potager, voici que notre table prit aussi une touche d'exotisme.

La taupe-grillon. Côté curiosités, le potager peut aussi se distinguer par la présence d'un hôte peu courant. Longue de six centimètres, la courtilière appartient à la famille des sauterelles et grillons. Cet insecte a des ailes, est donc capable de voler, mais c'est dans la terre qu'il vit. Les pattes avant, en forme de pelle, permettent à la courtilière de creuser des galeries dans le sol à la manière d'une taupe. Ces pattes peuvent aussi couper et la courtilière commet des dégâts dans les jeunes semis dont elle consomme les racines.
Où vivent les courtilières ? Bien présentes en France, elles sont moins répandues chez nous. Mais certains potagers en sont véritablement infestés.

En visite dans un beau jardin, je trouvai les propriétaires en train d'arracher à pleines brassées les épilobes qui s'étaient développées en lisière de la pelouse, au pied de grands pins de Corse. "Il faut réagir", m'expliqua la jardinière, "sans quoi nous allons être complètement envahis par ces plantes épouvantables." Mon large sourire ne fut pas mal perçu. Heureusement, car j'aurais dû expliquer qu'en voyant toutes ces belles floraisons prendre la direction du tas de compost, j'avais aussitôt pensé aux théories de François Terrasson, l'homme qui raconte la peur de la nature.

Pourquoi écrasons-nous les araignées, pourquoi craignons-nous les chauves-souris, pourquoi faisons-nous la guerre aux herbes indésirables comme ces malheureuses épilobes ? Maître de conférences au Muséum d'histoire naturelle de Paris, François Terrasson dissèque avec humour et provocation nos rapports avec le monde sauvage. Mi-botaniste, mi-psychologue, ce scientifique explique que nous n'aimons pas la nature spontanée car elle nous rappelle notre nature profonde. Celle de nos pulsions, angoisses et émotions que nous réprimons sans cesse. La vie sauvage est un miroir dans lequel nous n'aimons pas nous regarder. De la gestion des paysages à l'architecture, en passant par les contes de Grimm, cette peur de la nature se traduit de mille façons. Côté jardins, elle peut expliquer pourquoi des lopins sont d'une netteté absolue et pourquoi d'autres laissent une large place aux plantes sauvages. Ces jardins ne sont pas cultivés avec la même dose de peur du spontané. François Terrasson a-t-il raison ? Toujours est-il que je pense toujours à ses théories chaque fois qu'une plante me semble quelque peu envahissante.

"Dis-moi comment tu jardines et je te dirais qui tu es."
Notre jardin serait-il notre double ? Il est surprenant de constater à quel point le caractère du jardinier se retrouve dans ses aménagements. Une personne très ordonnée crée des plates-bandes aux bordures bien nettes où chaque plante a son espace. À l'opposé, des personnes au caractère artistique plus marqué composent des jardins plus luxuriants, de joyeux mélanges de verdures et de couleurs où viennent s'exprimer la volubilité d'un chèvrefeuille, d'une clématite ou d'un lierre…
La diversité des matériaux et des végétaux pouvant être plantés sont comme autant de couleurs sur la palette d'un peintre. Si les jardins se composent souvent des mêmes éléments de base, ils offrent une infinité de combinaisons. Voilà pourquoi les magazines qui nous emmènent à la découverte des jardins ont encore de beaux jours devant eux. Ils exploitent en fait un filon inépuisable : aucun jardin n'est pareil à un autre.

Cet été, j'ai visité un jardin merveilleux. Aujourd'hui, c'est le rouge de ses coquelicots qui me vient à l'esprit dès que je me surprends à rêver aux splendeurs de juin. Imaginez une maison aux murs de schiste et au toit d'ardoise. Oui, nous sommes en Ardenne, dans un petit village à deux pas de Neufchâteau. Ce n'est pas la façade fleurie qui retient le regard du passant. Un peu partout, des nichoirs sont accrochés. Certains ont même été insérés dans les murs. Ils l'annoncent clairement : le jardin de la famille Poncin est "nature admise".

D'ordinaire, quand on visite un jardin, c'est le regard qui est sollicité. Mais me voici surpris par les chants d'oiseaux venus de partout. Les arbustes taillés en boule, les haies vives qui longent le sentier, les bosquets ne sont que pépiements. La nidification bat son plein ! Un parterre accueille une foule de floraisons sauvages et le jardin devient bourdonnant de vols d'abeilles et de papillons. Plus loin, une mare accueille les pontes des grenouilles. Un mur de pierres sèches est la cachette des lézards. Ici, une large pierre abrite une cavité creusée dans le sol. Peut-être qu'une reine de bourdons viendra un jour y créer une colonie.

Où sont les fleurs, où sont les légumes de ce grand jardin à la campagne ? Un peut partout. Au fil d'un sentier sinueux bordé de haies et ponctué de portiques de charmes taillés, potagers, petits enclos pour les moutons, verger et coins fleuris se succèdent. Comment ce jardin débordant de vie est-il né ? Simplement par la volonté de créer un lieu d'harmonie avec la nature environnante et avec soi-même.

André Poncin est un homme comblé : même la chouette effraie a répondu à son invitation. Depuis plusieurs années déjà, la dame blanche occupe le gîte installé pour sa nidification dans le toit de la maison.

Grenouilles conquérantes. Les batraciens ne tardent pas à occuper une mare aménagée au jardin. Inutile donc de prélever des têtards dans la nature. Ces animaux sont protégés et il serait dommage d'appauvrir une zone humide pour introduire des batraciens dans un milieu qui ne leur offre pas encore de bonnes conditions de vie. En temps utile, les grenouilles et crapauds viendront spontanément s'installer dans la pièce d'eau.

J'ai connu un jardinier qui a vécu une vieillesse bien malheureuse. Perclus d'arthrose, il a dû se résigner à observer, par la fenêtre, la lente agonie de son jardin. Au fil des saisons, le fruit de tant d'années de soins attentifs s'est vite transformé en un beau fouillis. Après avoir été longtemps arrachées, les herbes indésirables ont pris leur revanche. Les plus cruelles furent les orties qui s'étendirent au travers d'une plate-bande dont les trésors furent bientôt étouffés. Et que dire des arbustes à fleurs sans le secours du sécateur…

L'arthrose et les rhumatismes peuvent-ils non seulement nous priver des joies du jardin mais aussi nous infliger de telles tristesses ? Non, répondent les jardiniers anglais. L'association britannique pour la recherche contre l'arthrose a publié à leur intention une brochure bourrée de petits conseils. Comment désherber un parterre quand on ne peut plus s'accroupir ou se mettre à genoux ? Il suffit de s'asseoir confortablement sur un tabouret et de manœuvrer une binette dont le manche a été recoupé à la bonne longueur. Pousser une brouette, tondre la pelouse, arroser le jardin, récolter des légumes ? Des solutions existent. Il faudra peut-être modifier l'un ou l'autre aspect du jardin mais passion ne rimera pas avec exclusion. Les plaisirs du jardinage, source de paix et d'équilibre, peuvent toujours être vécus au quotidien.

Outre-Manche, où le jardinage est un phénomène de société, l'attention envers les jardiniers moins favorisés s'amplifie encore. Une campagne vient d'être lancée pour aider les jardiniers âgés à conserver leur potager. Tant par l'exercice qu'il procure que par les légumes récoltés, le jardin est un facteur de bonne santé dont il serait dommage de se priver.

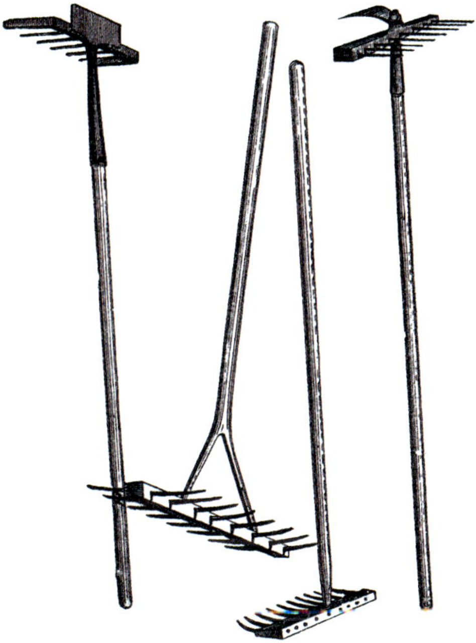

Deux arrosoirs. Le mal de dos est un grand problème de société. Beaucoup de jardiniers n'y échappent pas. Aussi, si nous devons transporter un arrosoir, autant en porter deux. Les charges s'équilibrent de part et d'autre de la colonne vertébrale.
Autre difficulté : le bêchage. Une solution consiste à utiliser une bêche biologique. L'outil comporte cinq dents en acier qui sont enfoncées dans le sol avec l'appui du pied. Ensuite, le manche de la bêche est tiré en arrière. L'effet de levier soulève le sol qui se fragmente. Cette bêche ne retourne pas le sol, elle ne peut pas enfouir de matière végétale mais son travail d'ameublissement est comparable à celui de la bêche classique. Le bêchage s'effectue d'avant en arrière. Le tronc reste bien droit : ce sont les bras qui travaillent.

Septembre

J'ai connu mes arrières-grands-parents maternels. Tous deux sont présents dans mes souvenirs d'enfant. Je me revois circulant dans leurs longues serres, sur un coteau du village de Loonbeek, dans la région d'Overijse. Comme tant d'habitants de la région, ils étaient producteurs de raisin de table. Une dizaine de tunnels de verre se serraient sur le terrain en face de leur petite maison. Et pour ne pas se perdre dans la succession des différentes serres, un grand chiffre était peint à la chaux sur chaque porte.

Le raisin était cultivé au prix d'un sacré labeur. Durant les froides nuits du printemps, il fallait se lever pour alimenter les foyers au charbon qui brûlaient sous les serres. Dès les premières chaleurs, venait le temps de la ronde incessante pour ouvrir ou refermer les lourds ventaux d'aération. La soirée était consacrée à l'arrosage des pieds de vigne. Le pire, c'était l'égrenage. Avec des ciseaux pointus, chaque grappe était débarrassée d'une partie de ses grains. Très vite, les ciseaux marquaient les doigts de profondes rougeurs tandis que la fatigue s'accumulait dans les bras sans cesse maintenus en l'air.

Ce raisin, nous ne l'avons pas abandonné. Mon grand-père a perpétué ce savoir-faire en produisant dans une seule serre de quoi alimenter toute la famille en belles grappes. J'ai grandi en mangeant chaque été des kilos et des kilos de 'Royal' aux gros grains. Après la disparition de grand-père, c'est maman qui a pris le relais. Aujourd'hui, je perpétue la tradition en cultivant trois pieds dans une petite serre réservée exclusivement à la vigne.

Que reste-t-il des toits de verre de la région d'Overijse ? Plus grand-chose. La plupart sont démolis ou abandonnés. Le raisin belge ne sera-t-il bientôt plus qu'un souvenir ? Non. Beaucoup de jardiniers le découvrent aujourd'hui. Les petites serres en aluminium se multiplient dans les jardins. Elles permettent d'accueillir un pied de vigne. Les raisins blancs français comme le Chasselas de Fontainebleau connaissent beaucoup de succès mais on n'oublie pas le raisin qui fit notre renommée. Personnellement, c'est celui-là que je préfère. Mais mes critères ne sont pas seulement gustatifs…

Raisin de Noël. Dans la serre, le raisin mûr peut être récolté progressivement au fil des semaines mais les dernières grappes doivent être prélevées avant les gelées. Il est possible de les conserver pour les déguster le jour de Noël. La méthode fut mise au point au XVIIIe siècle. Dans des châteaux de France, des pièces furent alors aménagées pour la conservation du raisin de table sur des étagères construites à cet effet.
Des flacons sont remplis d'eau. On y ajoute un morceau de charbon de bois qui va empêcher le croupissement. Les bouteilles sont couchées. Il ne reste plus qu'à plonger dans l'eau le morceau de sarment récolté avec la grappe et de placer le tout au frais. Tout vient à point à qui sait attendre…

D'ordinaire, un bâtiment industriel est ceinturé de simples pelouses. Mais voici qu'il y a quatre ans, le terrain entourant une entreprise s'est métamorphosé. Il n'était qu'une vaste étendue de gazon. L'arrivée de la camionnette du jardinier provoquait à chaque fois une multitude de grimaces. Personne dans la société n'appréciait les pétarades de sa tondeuse. Jusqu'au jour où la direction a décidé une révision de la gestion des espaces entourant l'usine. Une ceinture d'arbustes indigènes a été plantée. Une grande mare a été creusée. Là où elle subsiste, la pelouse n'est plus tondue qu'une ou deux fois par an. Il ne faut d'ailleurs plus parler de pelouse mais bien de pré fleuri. L'été, c'est un royaume pour les papillons. Un magasinier, passionné d'arboriculture, a proposé de planter un petit verger. Uniquement des variétés anciennes de pommiers résistant bien aux maladies.

Au début des travaux, beaucoup étaient hostiles à cette jungle envahissante. Aujourd'hui, ils reconnaissent que la haie vive entourant le parking, les plates-bandes fleuries menant à l'entrée principale, la mare et ses iris jaunes constituent un beau cadre d'accueil pour les visiteurs. Un cadre qui, côté image de marque, se transforme en un sacré atout. Un photographe a arpenté une journée entière l'espace vert autour de l'usine. Ses photos des têtards de la mare, des fleurs sauvages sous la rosée, de l'abeille avec ses pelotes de pollen, sont superbes. Elles illustreront le calendrier annuel. Pour le choix des clichés, aucun problème : ces espaces débordent de vie. Il y a peu, le vigile de nuit de la firme de gardiennage a signalé dans son rapport le passage d'une famille de hérissons devant la porte de la chaufferie…

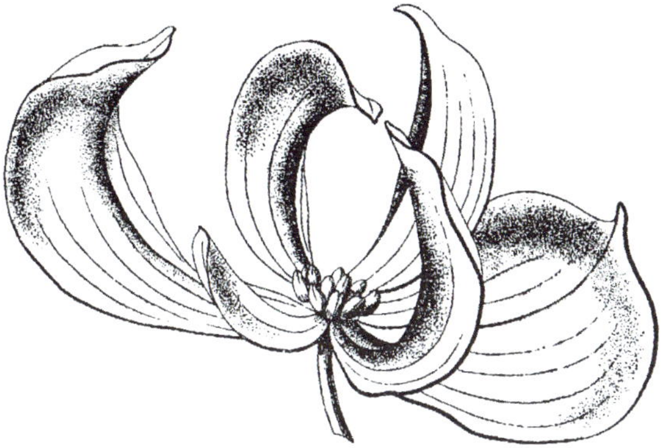

Un mot-clef : diversité. Nombreux sont les arbres et arbustes de nos régions qui peuvent former des haies vives au naturel.
L'aubépine est l'arbuste par excellence des haies champêtres. On peut ici et là laisser un pied développer sa ramure pour bénéficier de la belle floraison blanche et offrir des fruits aux oiseaux.
L'érable champêtre supporte parfaitement la taille et son feuillage vert foncé joliment découpé est très décoratif.
Le charme a l'avantage de bien se prêter à la taille et de présenter un feuillage marcescent. Les feuilles mortes restent sur les branches pendant une grande partie de la mauvaise saison.
Le cornouiller mâle (*Cornus mas*) est très décoratif au moment de sa floraison précoce. Ses fleurs sont suivies par de petits fruits rouges comestibles, source de nourriture pour les oiseaux. On pourra également insérer dans la haie le cornouiller sanguin.
Le noisetier s'adapte aussi bien à l'ombre qu'au soleil. Il peu exigeant quant à la qualité du sol. Le noisetier est un des premiers arbustes à offrir son pollen aux abeilles.
Le houx a l'avantage de posséder un feuillage persistant qui maintient une présence verte au sein de la haie en hiver.

À la maison, hiver comme été, traîne toujours dans la cuisine l'un ou l'autre verre d'eau où trempe un bout de plante. Nous ne pouvons en effet nous résoudre à mettre au compost une tige qui peut constituer une belle bouture. D'autant que le bouturage est une merveilleuse aventure. Après parfois de longues semaines de patience, apparaissent sur la tige des protubérances. Voici qu'elles s'étirent pour constituer de blanches racines. Encore un peu de patience et ce chevelu, fin ou plus trapu, est suffisamment long pour être placé dans un pot de terreau. Une nouvelle plante est née.

Des boutures n'encombrent pas seulement la tablette de la fenêtre de la cuisine : on en trouve un peu partout autour de la maison. Actuellement, les boutures de pélargoniums s'accumulent petit à petit sur la table de la terrasse. Elles sont constituées au fil de l'entretien des jardinières. Le plus gros reste à venir : une dernière série de boutures sera effectuée lors de la taille des pélargoniums avant leur remisage hivernal. Bien d'autres boutures sont en projet. Durant les prochaines semaines, je voudrais bouturer un chèvrefeuille, des groseilliers rouges, des sarments de vigne, des tiges d'églantier pour pouvoir greffer des rosiers, des branchettes de buis qui deviendront une petite haie…

Le bouturage est vraiment une merveille de la nature. Des cellules végétales de tige et même de feuille se mettent à évoluer pour produire des racines et reconstituer une plante complète. Cette multiplication végétative a beau faire partie du travail habituel au jardin, je reste fasciné par cette faculté de régénération. Au point d'avoir toujours beaucoup de respect pour une bouture, même la plus simple : c'est la Vie qui s'exprime en elle.

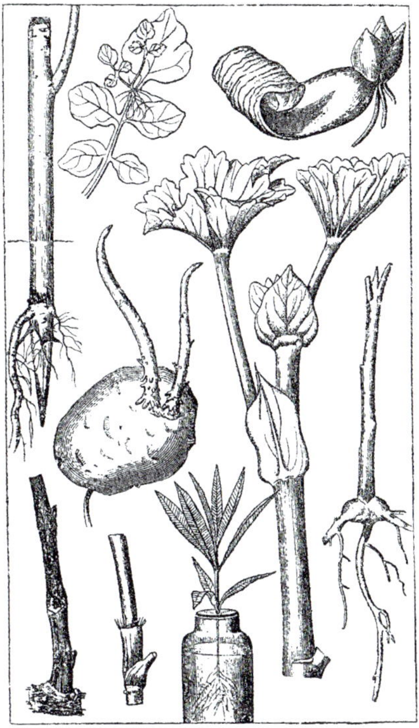

Les atouts pour des boutures réussies. Le premier secret de la réussite des boutures, c'est le substrat. Le terreau brut ne convient pas : il contient des bouts de racines, d'écorces, des fibres, des cailloux… Toutes ces impuretés sont enlevées avec un simple tamis. Au terreau tamisé, nous ajoutons, à quantité égale, du sable du Rhin afin que le substrat soit plus léger et permette un drainage de l'excès d'eau.
Un autre secret pour réussir le bouturage : la propreté du sécateur. Il peut transmettre des maladies. Avant de prélever les boutures, les lames sont désinfectées. Plutôt que de l'alcool de pharmacie, qui coûte cher, nous pouvons utiliser de l'alcool à brûler.
Encore une petite aide pour une bonne réussite : de l'hormone de bouturage. Un peu de cette poudre blanche favorisant la reprise est versée dans une coupelle. Le bout de la bouture y est trempée, l'excès d'hormone est ensuite secoué en tapotant avec un doigt. Les boutures sont piquées dans le substrat qui devra être maintenu chaud et humide afin de favoriser un bon développement des racines.

Depuis des siècles, l'arrosoir fait partie des outils de base du jardinier. Car on ne peut se passer d'arroser. Seuls les végétaux indigènes ou les plantes ornementales rustiques affrontent bien la sécheresse. En développant beaucoup de biomasse avec un enracinement faible, les cultures potagères s'avèrent très dépendantes de l'eau. Or, durant l'été, les pluies ne compensent généralement pas l'eau perdue par l'évaporation et la transpiration des plantes. Le jardinier se doit donc de garantir une réserve d'humidité à ses cultures.

Nous avons dû arroser les courgettes mais, en voulant les sauver, nous les avons condamnées. Bien vite, leur feuillage flétri nous a fait craindre le pire. Effectivement, les plantes n'ont plus de racines. Les galeries creusées dans le sol ameubli par l'eau désignent les coupables : les "rattes" comme on les appelle dans notre village. La nuit venue, sillonnent-elles tout le potager pour avoir trouvé aussi vite ces quelques décimètres carrés de terre humide ?

En creusant des galeries pour s'en aller ronger les racines, les "rattes" se protègent des attaques de la chouette chevêche qui vient parfois se percher dans le cerisier. C'est donc en toute quiétude qu'elles ont pu grignoter le chevelu des courgettes. Bien nous a pris de ne pas arroser également les poireaux et les carottes : il aurait suffi aux rongeurs de suivre la piste humide tracée par l'arrosoir pour ne manquer aucun légume.

Quel est le véritable nom de ces "rattes" ? Les jardiniers les appellent aussi "mulots". À tort. Le mulot est un rongeur que l'on rencontre surtout en forêt. Les grignoteurs en sous-sol, ce sont les campagnols. De sacrés forbans. Ils parviennent même à faire porter le chapeau de leurs rapines à de pauvres innocents.

Pelotes. Les chouettes et hiboux sont de grands consommateurs de rongeurs. Les scientifiques sont parvenus à établir de manière fort précise le régime alimentaire de ces chasseurs nocturnes grâce à l'étude des pelotes de réjection. Une chouette effraie, par exemple, avale sa proie telle quelle. Le mulot ou le campagnol ainsi englouti va alors être soumis à l'action de sucs digestifs particulièrement puissants. Toutefois, deux choses ne pourront pas être assimilées : les poils et les os. Deux heures environ après le début de la digestion, ces éléments sont rejetés via le bec sous la forme d'une petite boule noire à l'aspect vernissé. Soigneusement décortiquées au laboratoire, les pelotes de réjection livrent les ossements bien propres des malheureux rongeurs dont l'identification nécessite parfois l'observation des mâchoires. L'étude des pelotes de réjection ne donne pas seulement de précieuses indications quant aux habitudes alimentaires de nos rapaces, elle permet également aux scientifiques d'approcher la répartition des différentes espèces de rongeurs sur un territoire sans devoir les y chercher : ce sont les rapaces qui auront fait tout le boulot.

Au jardin, un large sumac (Rhus typhina) nous offre déjà les premières couleurs de son été indien. Cet arbuste aux longues feuilles découpées a été planté bien avant notre arrivée près de la serre à vignes. Planté ? À vrai dire, j'en doute tant cette espèce originaire du nouveau monde a la faculté de se répandre partout. Le sumac est présent dans d'autres jardins du village et notre exemplaire a très bien pu venir s'installer tout seul. Cet arbre est si envahissant que de petits sumacs apparaissent partout. Dans la pelouse, dans le potager, dans les plates-bandes, nous découvrons chaque été de tendres pousses vertes de sumac qui font preuve d'une grande vitalité. Si on n'y touche pas, elles peuvent atteindre plusieurs dizaines de centimètres en automne.

Au pied de la clôture du verger, un tel sumac s'est un jour imposé. Comme il ne gênait pas, je l'ai laissé se développer durant quelques années avant de l'enlever. Mais les racines de l'arbuste ne l'ont pas entendu ainsi. Dès le printemps suivant, elles ont produit des rejets si vigoureux qu'ils ont vite atteint un mètre cinquante de haut. Je les ai coupés au sécateur. Pour mon malheur. Dès le printemps suivant, de nouveaux rejets, bien plus nombreux, apparaissaient au départ des racines de l'ancienne souche mais aussi à partir de celles développées par les rejets de l'année précédente.

Depuis, les sumacs sont toujours là. Nous avons bien sûr déjà tenté d'arracher le maximum de racines, sans résultat. Les rejets couvrent maintenant un are de verger. Je les fauche à la débroussailleuse le plus souvent possible. À moins d'utiliser un herbicide systémique très puissant, c'est là mon seul salut : affaiblir progressivement cette étonnante puissance colonisatrice.

Herbicide au pinceau. Dans les plates-bandes ou au potager, des herbes indésirables ont la vie dure et réapparaissent sans cesse. C'est le cas du liseron. C'est aussi le cas du rumex qui développe une racine pivot qui s'enfonce très profondément et bourgeonne pour renouveler le feuillage coupé en surface. Une solution ? Dès que les températures sont redevenues plus douces, un herbicide systémique à base de glyphosate peut être utilisé. Avec un pinceau, il est étendu pur directement sur les feuilles. De cette manière, le produit n'est pas répandu inutilement sur le sol. Le port des gants est bien sûr indispensable. Via les feuilles, l'herbicide va se répandre dans toute la plante et la faire mourir en entier jusqu'au bout des racines. Attention de ne pas laisser tomber des gouttes de produit sur les plantes voisines…

Elle est sur le point de fleurir. Le jaune franc des pétales se devine déjà à la pointe des boutons. Encore quelques jours de patience et la moutarde semée dans la parcelle du potager qui avait accueilli les pommes de terre ne sera plus qu'une tache couleur soleil. Depuis le semis à la volée des six cents grammes de petites graines rondes et le passage du râteau qui les a enfouis, mon travail est terminé dans cette partie du jardin. Je n'y interviendrai à nouveau qu'au printemps prochain. Mais cette planche du potager ne sera pas au repos pour autant. La nature y accomplit en ce moment une œuvre de grande ampleur.

En s'allongeant, le fin chevelu des racines de la moutarde travaille le sol, pénétrant les mottes et les zones compactées. Durant toute la croissance du tapis dense des plantes, ces racines ont aussi prélevé abondance de nitrates. La moutarde va donc épuiser le sol ? Tout au contraire !

Chaque fois que le pluviomètre reçoit deux ou trois millimètres de pluie, les nitrates du sol sont entraînés un centimètre plus bas. Comme les jardiniers ne peuvent empêcher la pluie de tomber, il faut donc se résoudre à voir la fertilité d'un terrain disparaître dans les profondeurs. En consommant ces nitrates qui auraient été perdus, la moutarde les maintient en surface.

Quand viendra la première forte gelée, les plantes se coucheront sur le sol, tuées par le froid. La décomposition de toute cette végétation favorisera alors un développement explosif des micro-organismes. Les vers de terre seront légion pour enfouir progressivement la matière organique et remuer ainsi le sol. Le printemps venu, j'aurai à nouveau la joie de découvrir, dès le premier coup de croc, une terre aérée, souple et riche. Merci, belle moutarde.

Éviter la galle de la pomme de terre. La galle est une maladie cryptogamique qui s'attaque aux plants de pommes de terre et provoque l'apparition sur les tubercules de taches en relief faisant penser à du liège. Comment éviter ce désagrément qui impose la perte d'une partie du tubercule lors de l'épluchage ? S'il fait chaud et sec, il faut arroser régulièrement les plants de pommes de terre pour empêcher l'apparition de ce champignon. Deux mesures préventives peuvent aussi être prises avant la culture de pommes de terre dans une parcelle : éviter l'apport de chaux et cultiver de la moutarde en guise d'engrais vert.

Un voisin nous a apporté un sac de noix : le vieux noyer de son jardin s'est montré si généreux qu'il a plaisir à partager cette abondance de fruits constatée cette année partout dans le pays. "Est-ce à cause des pluies de juillet qu'il y a tant de noix ?" m'a-t-il demandé. Pas seulement. S'il est vrai qu'un noyer a besoin d'eau pour soutenir les besoins de sa production végétale concentrée sur peu de semaines, il est aussi certain que le temps fut favorable durant les deux derniers printemps, au moment du développement des jeunes pousses des noyers. Les fleurs femelles apparaissent tardivement, en mai-juin, sur le bois de l'année. Quant aux fleurs mâles, elles éclosent sur les rameaux de l'année précédente. Une seule nuit de gel tardif brûlant la tendre verdure peut donc non seulement compromettre la récolte de l'année mais aussi celle de l'année suivante.

Nous avons étendu les noix fraîches pour éviter qu'elles ne moisissent. Comme les coquilles ne sont pas encore parfaitement durcies, un casse-noix en forme de pince écrase les fruits plus qu'il ne les ouvre. J'ai donc façonné une alvéole en forme de demi-noix dans une planchette. Ainsi calée, une noix est ouverte d'un coup de maillet et les cerneaux restent intacts.

J'ai placé une poignée de ces noix dans le sable humide d'une caissette laissée au pied d'un mur que le soleil ne réchauffe pas. En avril, je tenterai de semer ces noix. Si un noyer germe, il me faudra trouver un large emplacement pour le planter. L'arbre envahit l'espace. Il a besoin d'au moins quinze mètres de latitude en tous sens pour rester en pleine lumière. Il envahit aussi le temps. Dans deux siècles, on pourra toujours croquer ses noix. Si les deux derniers printemps n'auront pas été trop froids.

Pas de taille. Attention, les noyers ne se taillent pas. Si une branche doit absolument être ôtée, il faut obtenir une coupe nette et protéger la plaie avec un mastic cicatrisant contenant un fongicide.

Octobre

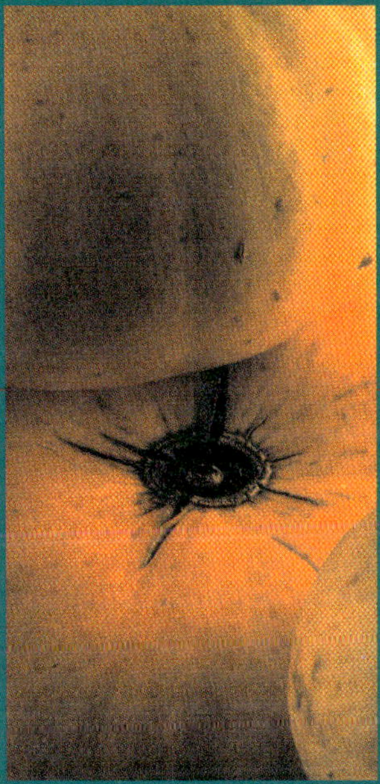

Beaucoup de jardiniers redoutent les prochaines gelées en pensant aux plantes fragiles qui ne survivront peut-être pas à l'hiver. Pour ma part, je découvre chaque année les premiers givres avec une certaine joie. Non seulement le jardin étincelle de blancheur mais des dizaines de toiles d'araignées, auparavant invisibles entre les branches des arbustes ou au pied des plantes vivaces, sont aussi recouvertes de petits cristaux brillants ! Ces guirlandes, nous ne pouvons les observer que durant quelques semaines, car bientôt les dernières araignées disparaîtront avec leurs toiles.

L'épeire diadème ou araignée porte-croix est coutumière des jardins. C'est dans ses filets qu'enfant, je m'amusai à jeter des mouches pour le seul plaisir d'observer l'emballage de l'offrande ainsi faite. Durant la bonne saison, les toiles d'araignées semblent invisibles. Pour les repérer, il faut observer les plates-bandes de grand matin, lorsque la rosée est généreuse. On peut aussi se promener avec un pulvérisateur à main et vaporiser un fin brouillard d'eau claire le long des plantes. En se chargeant de fines gouttelettes, les toiles apparaissent aussitôt au regard.

Comment les épeires peuvent-elles réapparaître chaque année alors que les adultes ne survivent pas à l'hiver ? Grâce aux jeunes araignées nées à la fin de l'été. Au printemps, grandes comme une tête d'épingle, elles tisseront chacune une toile, pas plus grande qu'une pièce de monnaie. Il faudra attendre quelques mois et plusieurs mues pour que le jardin s'orne de toiles de taille respectable. Mais l'heure est à présent à la survie : les bébés épeires sont cachés dans des cocons de soie dont beaucoup seront découverts par les oiseaux qui sillonneront le jardin au fil de l'hiver.

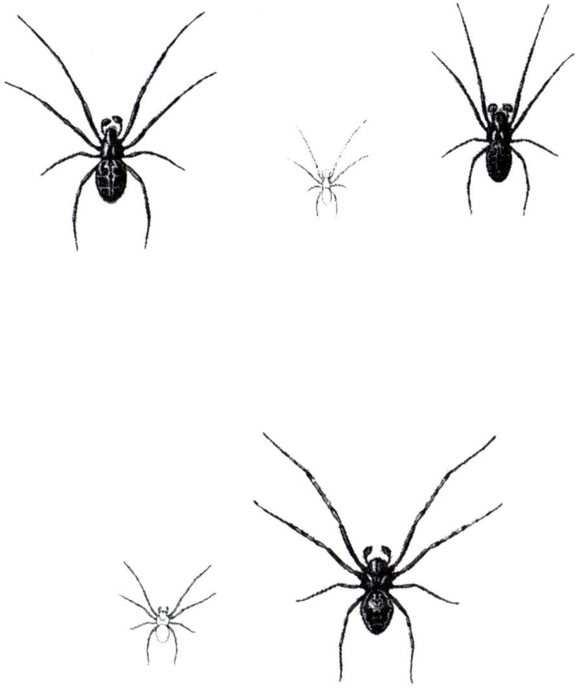

La plante-araignée. *Chlorophytum comosum* est une plante verte communément appelé "plante-araignée". Les feuilles ont un port arqué et sont soit entièrement vertes, soit panachées. Régulièrement au cours de l'année, des tiges de près de soixante centimètres font leur apparition : elles portent de petites fleurs blanches ou une véritable réplique miniature de la plante mère. Dans ce dernier cas, il suffit que ces plantules touchent le sol pour qu'elles s'empressent de former des racines. On peut également les sectionner et les planter dans un nouveau pot. Inutile de préciser que l'on peut ainsi très vite se trouver face à une multitude de plantes-araignées qui pourront faire le bonheur des amis et des connaissances. Les Chlorophytum sont extrêmement résistants et ne doivent être rempotés que tous les quatre ou cinq ans.

"Dis Papa, pourquoi les feuilles de l'arbre, elles jaunissent ?" Quelle effroyable question ! J'aurais pu m'en tirer en disant que les feuilles changent de couleur parce que l'automne est arrivé mais je me suis lancé dans de grandes explications. Si elles n'ont pas été parfaitement comprises, elles auront au moins montré que la nature est merveilleuse de complexité.

Dès le mois d'août, la majeure partie des arbres préparent la chute de leurs feuilles car ils doivent se protéger du gel. Pour que le géant végétal puisse survivre à l'hiver, il ne peut exposer aux froids des tissus tendres. Voilà pourquoi les bourgeons, ces promesses de renouveau, se couvrent actuellement d'épaisses écailles.

C'est le raccourcissement des jours qui met en branle la chute des feuilles. Cette mécanique inscrite dans le patrimoine génétique de l'arbre est réglée par des processus hormonaux complexes. Pour ne pas perdre inutilement de l'énergie, l'arbre transforme en sucres solubles l'essentiel des substances contenues dans les feuilles. Ces sucres peuvent alors migrer vers les branches et le tronc, et être mis en réserve. Les nuits froides empêchant ce mouvement de repli, les sucres s'accumulent dans les feuilles et provoquent l'apparition de pigments rouges. Parallèlement, la chlorophylle qui disparaît ne masque plus de vert les pigments orange et jaunes qui deviennent visibles. Chez certains arbres, le froid provoque la synthèse d'anthocyanes à partir des acides de la feuille, entraînant des colorations rouges. Toutes les couleurs de l'automne sont alors présentes sur la grande palette de la nature. Le jardin devient un superbe tableau éphémère. Jusqu'à la première nuit de grand gel.

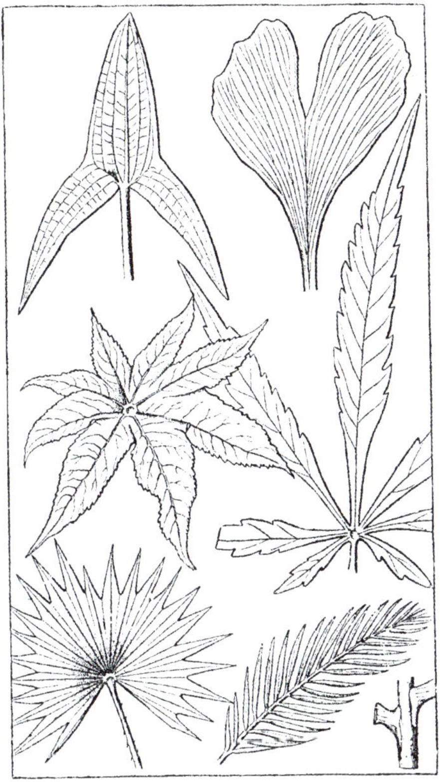

Fourche à feuilles. Des feuilles mortes font leur apparition à la surface des pièces d'eau. Idéalement, il ne faut pas qu'elles gagnent le fond. Petit truc pour ramasser facilement les feuilles mortes : une fourche est entourée d'un morceau de treillis. La voici transformée en une large écumoire à feuilles.

Un autre petit truc : pour emporter un beau volume de feuilles mortes en une seule fois, il faut bricoler un rempart de treillis pour rehausser la brouette. Son volume de chargement peut ainsi être doublé.

Jour après jour, l'automne s'installe au jardin. Les premières nuits froides ont déjà provoqué la chute d'une partie des feuilles de la vigne vierge. Les brouillards matinaux soulignent d'humidité les toiles d'araignées tendues entre les buissons. Dès que le soleil apparaît, le lierre qui débute sa floraison n'est plus qu'un bourdonnement. Abeilles, mouches et guêpes viennent butiner cette dernière source de nectar avant l'hiver. Un papillon blanc, une piéride, fait parfois une apparition. Pour lui, les heures sont comptées : il disparaîtra bientôt, tué par le froid. Sa progéniture pondue cet été assurera seule, sous forme de chrysalides, la pérennité de l'espèce au-delà de l'hiver.

Mais tous les papillons ne sont pas soumis à ce cycle de la vie. Le citron, la petite tortue et le paon du jour se cachent pour hiberner. Ils réapparaîtront en mars lors des premières journées chaudes pour butiner les chatons du saule marsault. Le vulcain préfère s'évader. Ce beau papillon aux ailes balafrées de rouge et ponctuées à leur sommet de blanc est parti vers des cieux meilleurs après avoir virevolté tout l'été autour du buddleia. Les vulcains nés cet été au jardin se trouvent peut-être déjà à la Côte d'Azur.

Chaque automne, les ornithologues observent le long des routes migratoires suivies par les oiseaux des vols de vulcains en route vers le sud. Ils peuvent ainsi parcourir mille kilomètres et couvrir à nouveau cette distance pour nous revenir dès le mois de mai. Sans attendre, ils pondent alors sur les orties des œufs qui donneront naissance quelques semaines plus tard à une nouvelle génération de papillons. Les hirondelles restent fidèles à la maison où elles sont nées. Les vulcains reviendront-ils au jardin ?

Et les dégâts des chenilles ? Un jardin papillons admis n'implique pas nécessairement des plantes dignes des plus belles dentelles de Bruges. La plupart des chenilles n'ont qu'un impact très limité. Quelques feuilles abîmées ne sont pas un drame face à la beauté des imagos qui quitteront les chrysalides. Mais il ne faut bien sûr pas accepter pour autant que tous nos efforts soient ruinés. La chenille qui s'avère à cet égard la plus dangereuse est celle de la Piéride du chou. En quelques jours, les chenilles pourront consommer une telle surface foliaire que la croissance des plantes sera vite compromise. Une simple pulvérisation d'eau savonneuse, répétée régulièrement, a déjà beaucoup d'impact. Pour une action plus radicale, on peut utiliser un insecticide respectueux de l'environnement comme le Bacillus thurigiensis (une bactérie efficace seulement contre les chenilles), le pyrèthre ou la roténone. N'oublions pas de jeter aussi un regard aux capucines. La Piéride du chou les aime beaucoup.

Un bosquet de noisetiers ou quelques grands conifères suffisent pour éveiller sa curiosité. Il viendra vous rendre visite à l'occasion d'une de ses pérégrinations. Il est venu tout récemment à la maison. Un écureuil est passé au jardin. Par la fenêtre, j'ai soudain aperçu un plumet roux dans le grand épicéa qui fut planté, il y a bien longtemps, en bordure du terrain. L'arbre est resté car nous apprécions son ombre lors des chaudes journées d'été. L'hiver, c'est son tronc qui porte la mangeoire des oiseaux. L'arbre a produit l'année dernière une belle collection de cônes. Tous ces fruits pendant toujours fièrement au bout des branches n'ont pas manqué d'attirer l'acrobate de la forêt. S'est-il senti surpris ? Il a couru jusqu'à l'extrémité d'un rameau pour s'élancer sur un arbre voisin, avant de disparaître : un vol plané de quatre à cinq mètres ne lui fait visiblement pas peur.

L'autre jour, l'écureuil était encore là, assis sur le gazon. Dans ses pattes, un cône d'épicéa dont il arrachait méticuleusement les écailles à l'aide de ses dents afin de mettre à jour les graines qui font son régal. Il s'appliqua ainsi durant quelques minutes. Lorsqu'il eut fini son ouvrage, le cône n'était plus qu'un trognon rachitique. S'apercevant alors de ma présence, il s'élança prestement sur l'arbre le plus proche, poussant un grognement sourd de mécontentement. Il resta agrippé à l'opposé du tronc, passant de temps à autre la tête pour vérifier si j'étais toujours là. Je me suis alors déplacé en arc de cercle pour tenter de l'observer. Il fit de même le long du tronc pour m'empêcher d'arriver à mes fins. Après plusieurs tentatives infructueuses, je dus bien me résigner à déclarer forfait. L'écureuil avait gagné la partie de cache-cache.

Le balanin de la noisette. Quand les noisettes commencent à mûrir, leur pire ennemi termine ses méfaits. Le balanin est un petit coléoptère. À le voir, on pourrait penser qu'il a un long nez. En fait, c'est un rostre avec lequel il transperce la base des noisettes encore vertes. Pendant des heures, il doit s'arc-bouter de toutes ses forces pour faire progresser sa longue aiguille jusqu'au cœur de l'amande. Une fois le trou percé, le balanin fait demi-tour et, de son abdomen, surgit un long tube qu'il insinue dans la galerie qu'il vient de creuser. Le balanin pond un œuf et passe à la noisette suivante. À l'intérieur de la noisette, naît une larve qui mange progressivement le contenu du fruit et grossit de semaine en semaine. Comme elle ne veut pas finir sous la dent d'un écureuil, elle quitte ensuite sa noisette d'accueil en forant un trou de sortie. Voilà un travail bien rude car la coquille de la noisette est maintenant dure et épaisse. La tâche serait-elle trop ardue ? La larve du balanin se contente d'un trou de deux millimètres alors qu'elle est bien plus grosse. C'est donc au prix d'incroyables contorsions qu'elle réussit à s'extraire de son berceau. Inutile de casser une noisette qui comporte un petit trou : un balanin est passé par là.

Deux nuits de gel ont suffi pour faire tomber beaucoup de feuilles et le jardin s'est déjà éclairci. Les buis en pots vont maintenant déployer tous leurs charmes. Leur feuillage compact permet de maintenir une ambiance verte. Les ramures taillées forment aussi un beau contraste avec la terre cuite des pots.

Dans un buis en boule parfait, un oiseau ne doit pas pouvoir faire son nid tant les branches sont serrées les unes contre les autres. Pour obtenir un tel résultat, il faut de la patience. Dès que le plant atteint quinze centimètres, il est taillé pour déjà esquisser une forme de boule. Chaque fois qu'un rameau est coupé, il forme une fourche. Année après année, au fil de cette croissance dichotomique, le volume de la boule s'accroît, de plus en plus dense. Pour obtenir une boule de trente centimètres de diamètre, il faut six ans. Mais quel résultat : la plante est robuste, familière de la cisaille et présente une grande longévité.

Les buis en topiaires connaissent un grand succès. Mais tous les arbustes présentés dans le commerce n'ont pas la même qualité. Des producteurs préfèrent la voie de la simplicité. Ils font pousser le buis en pleine terre dans un sol bien fertile. Quatre ans plus tard, ils taillent le buisson lâche du buis en boule et le tour est joué. Mais quelle piètre qualité : l'architecture de la plante n'est pas adaptée à la nanification. Les branches sont fragiles et cassent sous le poids de la neige. Bien sûr, ces arbustes sont vendus bon marché, en grande surface le plus souvent. Mais cela n'a aucun intérêt. Pour un vrai topiaire, il n'y a que deux solutions : soit accepter de débourser plusieurs milliers de francs, soit prendre le temps de développer soi-même, taille après taille, un buis en pleine forme.

Buis massif. Le buis est souvent utilisé pour cerner un parterre en formant une haie basse mais la culture en massif est un peu moins usitée. Aussi, pourquoi ne pas créer un volume circulaire de buis dans le jardin ?

Le buis marque une préférence pour une terre légère et riche en humus. Le sol reçoit donc du sable du Rhin et du compost.

Les plants de buis sont séparés par une cinquantaine de centimètres. Bien évidemment, la plante centrale sera de belle taille tandis que les buis des différents cercles concentriques sont choisis de plus en plus petits. Dès la plantation terminée, un bon arrosage sera utile.

Les buis vont se développer en largeur et combler les vides. La plantation en dégradé permettra de vite donner au massif la forme souhaitée. Un gabarit de bois posé sur une barre de fer plantée au centre du massif permettra au fil des tailles successives de constituer un ensemble parfaitement symétrique. Un massif de buis au jardin, c'est un peu Versailles à domicile.

Trois nichoirs sont installés au jardin et accueillent chaque année des couvées. Si nous n'avions pas surveillé du coin de l'œil les va-et-vient des locataires, il suffirait d'observer le nid abandonné à l'intérieur de la boîte de bois pour déterminer quelle espèce y a élevé ses petits. Une boule d'herbe sèche mêlée de plumes ? Des moineaux ont trouvé le gîte à leur goût. Un épais tapis de mousse et de crins de chevaux, le tout fortement tassé ? Un couple de mésanges a gavé ses oisillons de chenilles.

Dès les premières gelées, nous dépendons les nichoirs pour les nettoyer. Pourquoi attendons-nous ce moment ? Parce que les frimas paralysent les puces parfois à l'affût dans les anciens nids. Parce que le moment est opportun : les oiseaux insectivores recherchent déjà les sites potentiels de nidification. Le froid les poussera peut-être à se réfugier dans le nichoir le temps d'une nuit. Plus un nichoir est exploré tôt durant l'hiver, plus il a des chances de résonner de piaillements le printemps venu.

En vidant le contenu du nichoir du grand frêne, quelle ne fut notre surprise de découvrir un jour trois boules de poil endormies. Trois lérots avaient choisi le nichoir pour mener leur longue hibernation. Serrés les uns contre les autres, la queue entre les pattes, ils étaient plongés dans un profond sommeil léthargique. Je les ai délicatement pris en main pour les transférer dans une boîte garnie de foin. Un des comparses a alors poussé un grognement de dormeur bienheureux. En compagnie de quelques châtaignes à grignoter en cas de petit creux hivernal, ils ont terminé leur somme dans une remise, en un lieu protégé du chat. Le printemps venu, la boîte était vide et des châtaignes entamées. À leur réveil, nos dormeurs ont-ils réalisé qu'ils avaient déménagé ?

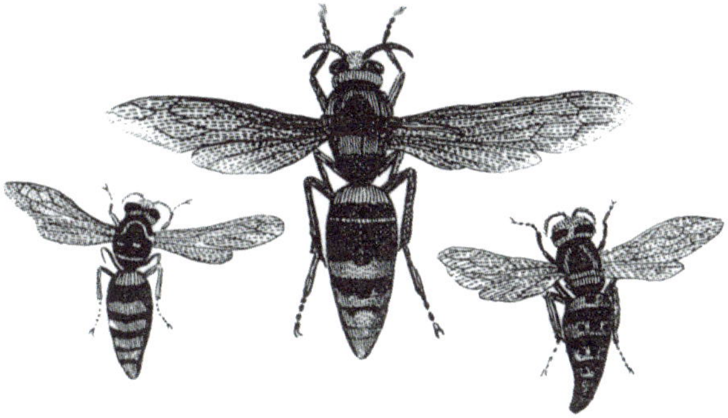

Un nichoir pour les insectes. Dans un bloc de bois plein, on fore une multitude de trous dont le diamètre varie de trois à douze millimètres. Pendu à un arbre du verger, ce bloc va attirer les abeilles et les guêpes solitaires qui vont déposer leurs œufs à l'intérieur des trous. Elles déposent d'abord du pollen, puis un œuf, puis une nouvelle couche de pollen et un nouvel œuf. Lorsque le trou est plein, les insectes le referment avec un petit bouchon de terre. C'est l'œuf pondu en dernier lieu qui se développe le premier. Sa métamorphose terminée, l'insecte adulte perce l'opercule de terre et part vivre sa vie, bientôt suivi par ses compagnons de maternité. Ces nichoirs tout en simplicité ne permettent pas seulement de conserver autour de nous la diversité des insectes sauvages. Les guêpes solitaires sont aussi de redoutables chasseresses de pucerons au jardin.

Dès que la Toussaint approche, des potées de chrysanthèmes sont disponibles partout. Ayant la particularité de se mettre à fleurir lorsque la nature décline, ces plantes sont devenues bien malgré elles les fleurs de la fête de tous les saints et de tous les défunts. D'autant qu'elles offrent une facilité de culture permettant une production à grande échelle : elles se bouturent aisément et drageonnent allègrement. Mais quel triste sort pour une plante si généreuse : sans arrosage, les potées ne tardent pas à dépérir sur les tombes et, bien vite ramassées par le personnel des cimetières, elles finissent de mourir en un large tas.

Mais voici que les chrysanthèmes parviennent enfin à s'évader de leur fonction exclusive de marguerite des morts. De plus en plus de jardiniers apprécient leurs floraisons massives qui offrent couleur et luxuriance alors que le jardin revêt ses habits d'automne. Aussi, les horticulteurs étalent désormais leurs livraisons dans le temps et des potées sont déjà disponibles à la fin du mois de septembre. Nous n'avons pas pu résister à l'attrait de cette floraison généreuse et deux boules éclatantes, une blanche et une jaune, ont été placées devant la maison pour prendre le relais des jardinières finissantes.

Les potées de chrysanthèmes peuvent aussi être plantées en pleine terre. Trois ou quatre boules suffisent pour éclairer à nouveau un parterre devenu triste. Bien sûr, les floraisons de nos potées seront ternies par les premiers grands froids mais ces chrysanthèmes ne seront pas perdus pour autant. Des brins prélevés discrètement dans la masse de fleurs s'enracinent actuellement auprès des boutures de pélargoniums. Ils reproduiront l'année prochaine ces soleils d'automne.

Chrysanthèmes longue durée. En Belgique, la culture des chrysanthèmes est notamment une spécialité de la région de Roulers, en Flandre occidentale, pas loin d'Ypres. Comment les horticulteurs parviennent-ils à produire des plantes fleuries juste à point ? C'est le raccourcissement des jours qui provoque la floraison. Aussi, les serres sont équipées de rideaux noirs qui permettent de mieux réguler l'ouverture des boutons floraux.

Comment choisir un chrysanthème qui fleurira très longtemps ? Il faut préférer une plante dont les boutons s'ouvrent à peine et laissent seulement apparaître la couleur des fleurs. La plante sera placée en dehors des courants d'air et surtout pas en plein soleil. Le terreau doit être maintenu humide.

Dès l'apparition des premiers froids, la floraison pourra se poursuivre à l'intérieur de la maison, à l'écart d'une source de chaleur. En enlevant régulièrement les fleurs fanées, nous pouvons prolonger davantage cette source de gaieté quand les jours se font plus courts.

Novembre

Vingt-et-un pots s'alignent sur le buffet. Cette année s'avère exceptionnelle pour la gelée de coings du jardin. Bien plus fine de goût que la simple compote, la gelée est la destination privilégiée des gros fruits qui tachent agréablement de jaune l'arbre planté contre la clôture du parcours des poules. Mais notre belle provision de gelée n'est pas la seule raison de nous réjouir d'avoir trouvé un coin pour un cognassier.

Au début du mois de mai, voilà que cet arbre buissonnant se couvre d'une floraison à faire pâlir de jalousie les pommiers voisins. Les grandes fleurs à pétales blanc rosé apparaissent toujours solitaires, à l'extrémité des jeunes rameaux qui ont poussé l'année précédente. Bien sûr, les abeilles sont au rendez-vous.

L'été finissant, les fruits prennent de l'embonpoint. Mais il faut encore patienter durant de longues semaines avant qu'ils ne se couvrent d'or. À maturité, les coings sont rentrés dans la maison, disposés dans un grand panier d'osier. Les enfants sont fascinés par leur chair dure comme la pierre recouverte d'un duvet si fragile qu'ils y tracent des motifs avec le doigt, faisant apparaître la peau lisse du fruit.

Dès l'arrivée des coings, toute la maison est parfumée de cet arôme unique, à la fois doux et envoûtant. Pendant longtemps, c'est pour ce seul parfum que le cognassier fut cultivé. Ce rustique parmi les rustiques est devenu un porte-greffe pour les poiriers. Voici maintenant qu'on lui découvre une nouvelle vocation : l'arbre est un refuge écologique. Coccinelles, punaises, chrysopes, syrphes et autres insectes auxiliaires du jardinier y trouvent refuge. Grâce à l'épais duvet qui recouvre aussi les feuilles du cognassier, même les plus fortes pluies ne peuvent les déloger.

Jeunes cognassiers. Un cognassier est un arbre facile à vivre qui ne demande pas une taille compliquée. Il faut juste de temps à autre dégager le cœur de la ramure en coupant les branches dirigées vers le centre ou frottant contre des branches maîtresses.
Toutes les branches coupées peuvent ne pas prendre directement la direction du broyeur. Nous pouvons les trier pour prélever des boutures. Il faut choisir des jeunes pousses de l'année dernière, bien vigoureuses. Elles sont coupées à une longueur de 25 à 30 centimètres.
Pour planter les boutures, un sillon est creusé dans le sol. Du terreau est incorporé. Il va alléger le substrat. L'humus va aussi favoriser le développement des jeunes arbustes.
Voilà une manière toute simple d'obtenir de jeunes cognassiers à offrir autour de nous. C'est de cette manière que nous pouvons aussi multiplier le saule, le groseillier, la vigne et bien d'autres arbustes. Les boutures prendront racine au fil des semaines à venir.

Combien de rouges différents peuvent être admirés au jardin ? J'ai envie de dire une infinité, tant aucun rouge n'est pareil à un autre. Le rouge des dernières tomates cerises mûrissant en ce mi-novembre sous la serre est différent de celui de la potée de géraniums rentrée juste avant la première nuit de gel. Entre le rouge violacé des cerises bien mûres, l'éclat des coquelicots et la chaleur orangée des capucines, un peintre pourrait composer des centaines de nuances.

Chaque saison nous offre ses rouges. Le printemps est dominé par le chatoiement des tulipes. En été, les plates-bandes peuvent exploser de feu tant sont nombreuses les vivaces et les annuelles évoquant le corail, le vermeil ou le grenat. Pour accentuer davantage la présence de rouge dans le parterre devant la maison, nous avons planté cette année un petit dahlia 'Firebird' à fleurs simples, un penstemon 'Garnet' et une touffe de crocosmia dont nous aimons beaucoup la finesse des hampes florales qui mêlent boutons et corolles épanouies.

Et puis, il y a les rouges de l'automne. Avant-guerre, le jardin était entouré d'une haie d'aubépines taillées au cordeau. J'ignore qui des précédents jardiniers eut la bonne idée de libérer les aubépines de l'emprise des cisailles. Elles ont filé pour atteindre leur taille naturelle. Aussi, chaque année, le jardin est ceinturé du rouge sombre des cenelles qui éclate sous le soleil dès la chute des feuilles. Cette masse de fruits ne reste pas en place durant tout l'hiver. Les merles s'en gavent dès les premiers froids. Ils sont souvent chassés par des bandes ailées qui envahissent le jardin. Des poitrails tachetés, des reflets bruns s'agitent dans les cimes : les premières grives draines sont de passage.

Des haies contre Jules César. Au néolithique, l'homme chasseur-cueilleur se mue en agriculteur-éleveur. Voici qu'apparaissent les premiers espaces cultivés qui sont bien vite clôturés. Les haies sont nées. Elles maintiennent le bétail et protègent les cultures de la convoitise des autres tribus ou de l'incursion de la faune sauvage. Bien plus tard, un certain Jules César découvre avec surprise du côté de la Belgique des constructions naturelles qui donnent beaucoup de fil à retordre à ses troupes. "Les Nerviens ont l'antique habitude, pour empêcher les incursions de leurs voisins, de tailler et de courber de jeunes arbres, dont les nombreuses branches poussées en largeur, et les ronces et buissons croissant en intervalles, forment des haies semblables à des murs, barrières impénétrables à l'œil même."

Dans notre jardin, une dizaine d'espèces d'oiseaux sont présentes en toute saison. L'été, leurs chants trahissent leur présence. L'hiver, la mangeoire nous permet de les observer de près. En plus de tous ces habitués, les arbres et arbustes accueillent régulièrement des visiteurs de marque. Comme le chardonneret qui a déjà niché dans le grand genévrier. Comme la sittelle torchepot qui vient grimper sur le tronc du pin, juste en face de la fenêtre de la salle à manger. Son corps massif, son bec droit, sa manière de grimper aux arbres lui confèrent une allure de pic. Sa queue courte et son plumage bicolore — dessus gris bleuté, dessous brun roussâtre — la font plutôt ressembler à une mésange. Mais la sittelle est unique : de tous les oiseaux de nos régions, c'est elle qui montre le plus d'aptitude à circuler sur les troncs. Elle peut même descendre le long de l'écorce la tête en bas !

Pourquoi la qualifie-t-on de "torchepot" ? "Pot" parce que les nichoirs traditionnels étaient des pots en terre cuite. "Torche" parce qu'elle a l'habitude de maçonner l'entrée de son nid avec une sorte de torchis composé de salive et de boue. La sittelle laisse ainsi une ouverture juste suffisante pour lui laisser le passage, interdisant l'accès aux plus gros qu'elle !

Ces dernières semaines, j'ai surpris la sittelle en train de marauder des noisettes tombées sur le sol. Elle les mange à l'écart, sur le grand frêne qui trône au jardin. Comment ouvre-t-on une noisette quand on est une sittelle ? En imitant le forgeron. La noisette est coincée dans un replis de l'écorce pour être martelée à coups de bec. Aussi, quand le jardin résonne de petits coups sourds, nous savons qui est venu faire un tour du côté du noisetier.

Tambours au loin. Comme la sittelle, les pics grimpent aux arbres. Comme elle, ils ont le bec puissant. Au début du printemps, on entend souvent un pic tambouriner du bec sur un arbre mort. On perçoit de loin un bruit sourd de martèlement qui rappelle les exploits du pic des dessins animés made in Hollywood. On pourrait penser que le pic est en train de creuser son nid. Il est vrai qu'il ne tardera pas à agrandir l'une ou l'autre cavité mais cela produit beaucoup moins de bruit. En fait, le tambourinement du pic est une manière de marquer son territoire. Autrement qu'avec la voix, le pic affirme bien loin : j'y suis et n'y venez pas !

Saint Fiacre (30 août) a beau être le véritable patron des jardiniers et des maraîchers, c'est sainte Catherine d'Alexandrie (25 novembre), patronne des philosophes, qui est fêtée par tous ceux qui aiment embellir leur jardin. La raison de ce glissement d'attribution : le bon vieux dicton popularisé par la Région wallonne. "À la Sainte-Catherine, tout bois prend racine" est devenu le slogan d'une grande distribution gratuite d'arbustes. Par le biais d'un double geste gratuit, celui qui donne et celui qui plante, des centaines de milliers d'arbustes poussent dans bien des jardins.

En cette période propice aux plantations grâce à l'humidité du sol et une terre pas encore trop refroidie, j'ai acheté deux longs charmes dans une pépinière. Ils encadreront une barrière du jardin. Au printemps, lorsque les longs troncs seront gorgés de sève, je les courberai pour qu'ils se rejoignent et forment un portique. Cette arche végétale sera verte en été et brune en hiver car le charme est marcescent : il garde ses feuilles durant la saison morte. Bien que les feuilles jaunissent puis sèchent, elles ne tombent qu'au printemps.

Comment expliquer ce phénomène ? La chute des feuilles est réglée par un mécanisme hormonal. Mais chez le hêtre, le chêne et le charme, ce mécanisme n'est pas encore bien rodé durant la jeunesse de l'arbre de sorte que la formation de la zone de séparation entre la branche et la feuille ne se produit qu'au printemps. Après une petite dizaine d'années, cette période pubertaire se termine et les nouvelles branches perdent leurs feuilles comme il se doit. Cependant, bien curieusement, les premières branches, celles qui ont vécu cet "âge bête", continuent à garder leurs feuilles en hiver, durant toute la vie de l'arbre.

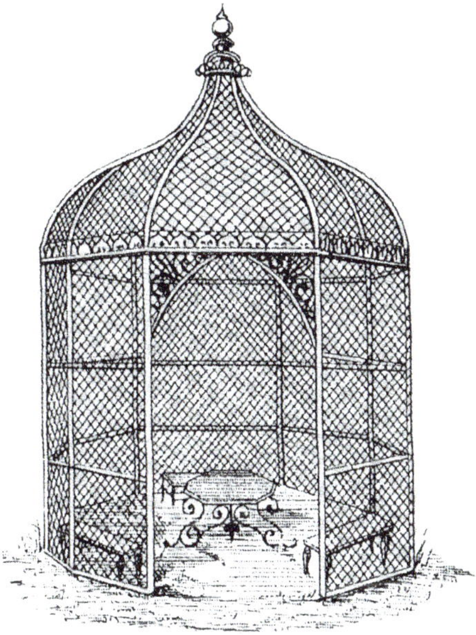

Belles charmilles. Le charme est utilisé depuis longtemps dans les parcs et jardins. Son aptitude à la taille, la densité de son feuillage qui ne tombe pas avant l'apparition des nouvelles feuilles au printemps ont permis la création d'une foule d'écrans ou de structures. Son usage dans les jardins à la française inspirés du parc de Versailles est si répandu que le mot "charmille", qui apparaît au XVIIe siècle, s'applique rapidement à d'autres arbustes taillés. On parle ainsi de charmilles de noisetiers, de hêtres...
En Wallonie, de somptueuses charmilles subsistent... À Belœil, elles s'étendent sur dix kilomètres de long et un peu plus de trois hectares de surface. À La Reid, une charmille de 4 700 pieds de charmes s'étire sur 573 mètres. C'est la plus longue promenade couverte d'Europe !

Quand on achète un arbre au marché, dans une jardinerie ou en parcourant un catalogue, l'origine des arbustes n'est jamais indiquée. Ils peuvent provenir de l'étranger. Ils ont peut-être été développés dans une des nombreuses entreprises spécialisées du Nord du pays. Il peuvent aussi nous venir de Lesdain, le village wallon des pépinières.

Imaginez un clocher planté dans l'horizon calme de la plaine de l'Escaut, au sud de Tournai. Voici Lesdain, quatre cents habitants. Et tout autour de ce village, ses pépinières. D'où que l'on vienne, il faut traverser de longs alignements d'arbustes en préparation. Sur près de deux cents hectares se concentre un dixième de la production d'arbustes en Belgique. Le secret ? Une terre lourde qui rctient bien l'eau. Les racines s'y forment à merveille. Les arbustes développent vite de longues et belles branches.

Au fil des rues de Lesdain, des pancartes signalent les pépinières. Elles sont une bonne vingtaine. La plupart sont dirigées par les descendants des horticulteurs qui s'installèrent au siècle dernier. À Lesdain, on greffe depuis cinq générations en se transmettant un savoir-faire incomparable. Tours de main et fine connaissance des arbustes constituent un véritable patrimoine. Au même titre que toutes les variétés un peu oubliées, fruits de la sélection locale, qui sont maintenues d'année en année, même si on ne les demande plus guère. Ne plus les produire serait une perte pour la diversité génétique horticole de nos régions.

Les arbustes des pépiniéristes de Lesdain prennent la route des grossistes, en Belgique mais aussi à l'étranger. Mais ces artisans perpétuent aussi la vente au détail. Il faudrait plutôt dire le contact privilégié avec le jardinier, car les pépiniéristes de Lesdain ne sont pas avares de bons conseils. Avez-vous remarqué que Lesdain rime avec jardin ?

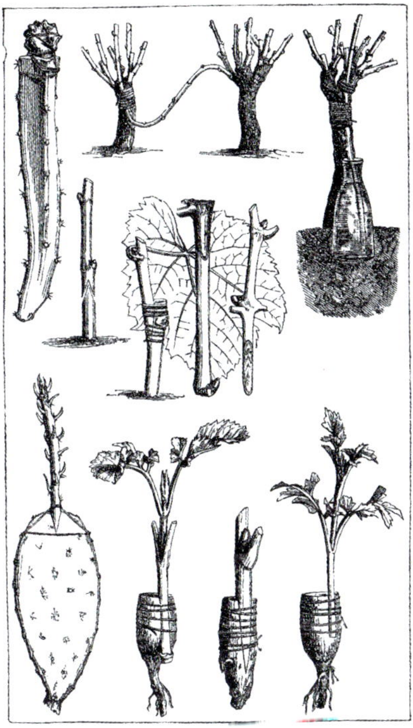

L'art de la greffe. Nombre d'arbres produits à Lesdain — comme les arbres fruitiers — sont greffés. Ce greffage est une grande école de patience. Avant de pouvoir greffer, il faut former les porte-greffes. Les troncs bien droits des hautes tiges sont obtenus en recoupant à ras de terre l'arbuste qui s'est développé au départ d'une bouture. Repousse alors une tige vigoureuse qui est développée le long d'un tuteur de bambou. Il faudra supprimer toutes les pousses latérales qui apparaîtront l'année suivante. Après plusieurs années de développement, la tête du porte-greffe est sciée. Le sommet du tronc est ensuite fendu pour recevoir le greffon de la variété sélectionnée. L'arbre pourra rester encore plusieurs années en pépinière afin de former un bel ensemble de branches charpentières.

On dit souvent d'une personne qui excelle en jardinage qu'elle a la main verte. Tout porte à croire qu'elle a reçu un don particulier : ses semis lèvent rapidement et abondamment, ses boutures bourgeonnent sans difficultés, ses plantations reprennent et ses aménagements présentent un cachet retenant aussitôt le regard.

À l'opposé, il est des jardiniers qui ratent presque tout. Visiblement, chacun n'est pas égal devant l'art du jardinage.

Comment pourrait-on expliquer le don de la main verte ? Je pense qu'il s'agit surtout d'un état d'esprit. Il est des jardiniers qui travaillent avec des gants par crainte de se salir ou de se blesser. Ils jardinent contre la montre car le travail au jardin est en compétition avec bien d'autres activités. À l'opposé, des jardiniers ont un contact étroit avec la terre et le végétal. Comme s'ils étaient en communion avec la nature, travaillant dans la paix. Un regard leur suffit pour comprendre les besoins d'une plante. Un passage de main sur le sol leur permet de saisir sa texture, son humidité.

Cette complicité avec la terre peut naître très tôt. Aussi, nous n'avons pas contrecarré nos enfants lorsqu'ils se sont lancés dans de grands travaux. Au jardin, ils ont créé un espace de jeux qu'ils appellent "le chantier". C'est un trou où ils creusent, ratissent et tamisent le sol. Depuis plusieurs années, des heures durant, ils créent des chemins, ouvrent de nouvelles carrières, transportent des chargements avec brouettes, camions et seaux. Leur plus grand plaisir est bien sûr de jouer avec de l'eau. De la boue devient du ciment pour construire des maisons, des digues, des tunnels… Les enfants reviennent alors tout crottés. Nous ne nous en formalisons pas. Car nous avons l'espoir que ces petites mains toutes brunes seront plus tard des mains vertes qui n'auront pas besoin de gants pour jardiner.

Un jardin enfants admis. N'hésitons pas à céder aux enfants une petite parcelle du jardin. Et comme un parterre ne doit jamais devenir une corvée, le choix des plantes sera bien précis. Pour les fleurs, fournissons des graines de soucis, de tagètes, de tournesols, de capucines. Ces espèces sont faciles à semer. Leur germination ne se fait pas attendre longtemps et leur croissance est rapide. Ce sont des critères importants car les enfants sont en général impatients d'assister à la levée des graines ! Quelques bulbes ou tubercules (glaïeuls, dahlias…) compléteront la palette fleurie. Côté légumes, les laitues, les haricots, le maïs, les radis et les potirons ne créeront guère de difficultés. Les enfants seront très fiers d'apporter à la maison une salade issue de leur potager.

Décembre

J'ai enfin déniché chez un bouquiniste le livre que je recherchais depuis longtemps. Cet exemplaire du *Cours d'arboriculture* d'Étienne Griffon, édité pour la première fois en 1886, n'a plus guère d'allure. Des pages s'échappent de la reliure et la tranche jaunie est rongée par les ans. Mais ce qui n'était à l'époque qu'un résumé des leçons du directeur de l'école d'horticulture de Tournai s'avère aujourd'hui un trésor d'informations.

Quel est donc l'intérêt de ces gravures présentant une foule de conformations pour arbres fruitiers ? Elles sont l'héritage d'un art disparu. Au siècle dernier, nombre de jardiniers partageaient la passion des pommes et des poires. Non seulement ces amateurs ont créé bien des variétés, mais ils excellaient aussi dans l'architecture végétale. Au fil des tailles, un arbuste s'élevait en cône, en pyramide, en vase, en fuseau, et surtout en formes palissées, souvent fort complexes. L'objectif n'était pas seulement esthétique. Contre un mur, un arbre en espalier pouvait offrir beaucoup de fruits en occupant peu d'espace.

Nous redécouvrons aujourd'hui le charme et l'intérêt des arbres fruitiers en espaliers. Pour deux raisons. Nos potagers sont maintenant aménagés de façon à compléter le jardin ornemental. Par ailleurs, les fruitiers palissés conviennent bien aux jardins actuels qui, dans les lotissements, s'étendent rarement sur plus de deux ares. Le savoir-faire de jadis offre bien plus de possibilités que les quelques formes d'arbres palissés actuellement disponibles dans le commerce. Aussi, Monsieur Griffon, des décennies après son décès, poursuit son enseignement. L'élève Noël entame actuellement le chapitre trois : semis, bouturage et marcottage des porte-greffes.

Comment tailler les groseilliers ? Un groseillier est en fait un buisson composé de branches de différents âges. Il y a tout d'abord les nouvelles tiges qui ont surgi cette année du sol. Elles ne sont pas ramifiées. Ensuite, nous avons les branches d'un an. Apparues l'année dernière, elles se sont ramifiées cette année. Enfin, les branches de deux ou trois ans ont vu leurs ramifications se prolonger tandis que de nouvelles ramifications apparaissaient. Ces branches sont essentielles pour la récolte. C'est à ce niveau que les groseilles apparaissent en nombre. La taille annuelle consiste donc à favoriser la présence de ce type de branche. On commence par enlever les branches les plus vieilles. Elles ont quatre ans et, souvent, elles dégénèrent. Il faut ensuite rabattre d'un tiers les pousses de l'année. On coupe au-dessus d'un bourgeon dirigé vers l'extérieur du buisson. Nous allons ainsi favoriser une ramification puissante de ces nouvelles branches qui pourront porter beaucoup de groseilles au fil des étés à venir.

Nous en comptons souvent plus de dix à la fois. Leurs ventres jaunes signalent leur présence autant que leurs cris tantôt aigus, tantôt nasillards. Les mésanges sont en hiver des habituées du jardin. Celui-ci figure parmi les haltes privilégiées des petites bandes formées par ces oiseaux durant la saison morte pour parcourir ensemble le paysage.

C'est bien sûr la nourriture pendue aux branches qui les attire. Depuis que l'actualité a révélé à quel point la graisse peut être une matière tristement douteuse, nous nous méfions des boules pour mésanges vendues dans de petits filets en plastique. C'est désormais à la maison, sous le contrôle des enfants qui veillent aux proportions, que les suspensions pour oiseaux acrobates sont préparées. Notre recette est toute simple. De la graisse neuve pour friture est mise prudemment à fondre dans une casserole. Quand la graisse est liquide, nous y ajoutons un mélange de graines pour oiseaux du jardin. Il contient beaucoup de graines de tournesol dont raffolent les mésanges. La pâte ainsi formée est versée dans des demi-coques de noix de coco. Une fois refroidi, le mélange est compact et adhère bien aux parois. Une corde traverse la coque. D'un côté, elle permet de pendre la noix à une branche ; de l'autre, elle accueille les mésanges qui s'y agrippent le temps de quelques coups de bec.

L'affluence peut être telle que la coque est souvent vidée en deux jours seulement. À tout instant, les mésanges retiennent notre regard. Nous ne nous lassons pas d'admirer leurs talents d'acrobates. Nous pourrons sans doute continuer à observer cette belle agilité durant l'été : à la faveur d'une nuit de gel, un couple de mésanges charbonnières a déjà visité le nichoir placé contre le tronc du grand pin.

Bien nourrir. C'est à l'approche des grands froids que les mangeoires peuvent être mises en place en hauteur, sur un poteau ou dans un arbre, toujours à l'abri des chats qui peuvent faire des ravages. Il est inutile de donner beaucoup de nourriture en une seule fois car elle s'humidifierait rapidement et risquerait de moisir, voire d'intoxiquer les oiseaux plus sensibles. Sans une grande hygiène, on risque de faire plus de tort que de bien.
Que placer dans la mangeoire ? Tous les oiseaux n'ont pas un régime alimentaire identique. Les mésanges aiment le tournesol, les arachides, la pulpe de noix de coco, les graisses végétales. Les rouges-gorges préfèrent les graines d'avoine pelée, de chènevis, de millet, les vers de farine et les asticots... Les moineaux apprécient les mélanges de maïs et froment concassés, que l'on trouve dans le commerce, ainsi que les pommes de terre cuites, le pain frais ou sec. Les merles et les grives se délectent de pommes posées sur le sol. Attention : tous les aliments salés sont proscrits.

En ce moment, dans la serre, la salade de blé arrive à son apogée. Quel merveilleux légume ! Il pousse allègrement dans le froid, nous offrant sa verdure et ses qualités diététiques alors que le potager est maintenant désert. Cette mâche de décembre a été semée début septembre, comme le faisait toujours ma grand-mère en prévision de la nouvelle année. Chaque premier jour de l'an, réunissant en une immense tablée enfants, beaux-enfants et petits-enfants, elle proposait invariablement le même menu. Côté légume, les saladiers débordaient de mâche.

Pour semer de la salade de blé, inutile de bêcher et d'ameublir le sol à grands coups de croc. La mâche aime un sol dur qu'il suffit d'ameublir en surface de quelques passages du râteau. Dans mon jardinet d'enfant, tout concentré à semer de la mâche en veillant à bien espacer les graines, je fus soudain piqué par une guêpe. Sous la surprise, je lâchai le bol de graines qui se répandirent alentour. On ne prit pas la peine de les ramasser. Mais sur ce sol plombé par les travaux d'une saison, ces semences germèrent aussi bien que celles enfouies dans la ligne. Je vois encore ce jardin avec cette grande tache verte qui m'a rappelé tout l'hiver ma cuisante aventure.

La mâche est une mauvaise herbe qui a réussi. Cette plante fait partie de notre flore sauvage. On la cueillait parmi les chaumes des champs de céréales, d'où son nom de salade de blé. Aujourd'hui cultivée, elle se décline en une foule de variétés. Mais la mâche a gardé une touche de sauvagerie rebelle : les graines ne germent bien qu'à partir de la seconde année suivant leur récolte. Comme j'ignore si les grainetiers attendent un an avant de commercialiser leurs moissons, je laisse vieillir mes sachets. Et de la maturité naît la fraîcheur.

Dernières salades. Heureux les jardiniers qui ont une couche. Ils vont pouvoir manger de la salade au printemps car la laitue n'est pas seulement un légume d'été. Pour croquer de la salade de couche, il faut choisir une variété d'hiver. Le semis n'est pas trop dense car, avec cette lumière d'automne, les plantes auront tendance à filer. La caissette est placée à la chaleur. Quand les jeunes laitues auront quatre feuilles, elles seront repiquées dans la couche à une trentaine de centimètres d'écartement. Les salades vont se développer au fil des mois prochains. Elles seront bien pommées en avril.

Quand on voit l'un, l'autre n'est jamais très loin. Durant l'hiver, un couple de bouvreuils nous rend régulièrement visite. Inutile de le chercher parmi les pinsons et les moineaux qui picorent sous la mangeoire ce que les mésanges jettent par-dessus bord en cherchant à grands coups de bec les graines de tournesols dont elles raffolent. Comme les chardonnerets qui viennent en bande extraire les semences des fleurs séchées des cardères, les bouvreuils ne s'arrêtent qu'en un seul endroit : le grand cerisier du Japon, à l'entrée du jardin.

Imaginez un oiseau tout en rondeur, plus gros qu'un moineau. Sa tête aplatie enfoncée dans un gros cou, son large bec, ses pattes courtes renforcent encore cette impression d'obésité ailée. Cette boule de plumes porte une cagoule du même noir que les ailes et la queue. Avec son dos gris et la tache claire sur le croupion, le bouvreuil semblerait photographié en noir et blanc s'il n'avait cet extraordinaire poitrail. Celui du mâle est rouge foncé, d'où le nom de bouvreuil pivoine. La femelle est moins éclatante, en gris rosé.

Que viennent donc faire les bouvreuils dans le cerisier ? Manger les bourgeons à fleurs, pardi. Avec méthode, l'oiseau ébourgeonne la branchette sur laquelle il est posé avant de gagner d'un coup d'aile un rameau voisin. Les bouvreuils qu'on dit unis pour la vie doivent vivre dans un regard mutuel. Il suffit que l'un s'éloigne pour que l'autre le suive aussitôt. S'ils se perchaient dans les poiriers palissés, je n'apprécierais sans doute pas autant les visites des bouvreuils qui, d'un seul coup de bec, consomment une poire en devenir. Mais le cerisier du Japon est si généreux que, dès la mi-mars, il parvient toujours à déborder de fleurs.

Floraisons japonaises. Nos bouvreuils seraient heureux dans un jardin japonais comme celui qu'a créé la ville de Hasselt. Dans un tel espace, on ne rencontre pas de fleurs en plein été. Les espèces choisies pour les plantations ont une période de floraison se situant au printemps. Les cerisiers d'ornement sont donc nombreux à offrir leurs fleurs roses ou blanches dès les premières chaleurs printanières. Quelle magnificence lors de l'épanouissement des rhododendrons et des azalées, quelle légèreté dans les inflorescences des primevères. La *Primula japonica* est une des plus appréciées pour ses fleurs réparties en étages successifs tandis que la *Primula vialii* nous étonne par sa ressemblance frappante avec une orchidée.

Notre visite quotidienne au poulailler n'est en ce moment guère fructueuse. La semaine passée, nos quatre poules ne nous ont offert que trois œufs. Ces derniers jours, chaque fois que nous avons passé la tête par la porte du poulailler, nous n'avons vu dans le pondoir que l'œuf de plâtre, bien seul dans le grand nid de paille.

Pourquoi une tel manque de prolificité ? Inutile de soupçonner la pie. Venant de son repaire établi dans un grand épicéa du voisinage, elle s'impose régulièrement dans l'enclos pour inspecter les déchets de cuisine apportés aux poules. Même si elle est parfaitement capable de s'aventurer jusqu'au pondoir, elle n'est pour rien dans l'actuelle absence d'œufs. Nos poules vivent simplement la dépression du profond hiver.

En ce moment, la nuit domine le jour. Nous sommes arrivés au moment de l'année où le soleil se lève le plus tard et se couche le plus tôt. Comme tant d'animaux autour de nous, les poules ressentent intimement cette extrémité de la grande boucle qu'effectue chaque année la terre autour du soleil. L'autre jour, le temps était si gris que le crépuscule semblait permanent. Les poules ne sont même pas sorties…

Mais avant même la Saint-Sylvestre, changement radical d'attitude. Après la Noël et le solstice, les jours sont à nouveau croissants. Même si la lumière ne gagne encore que quelques minutes sur le noir, les poules ressentent le grand changement et les œufs sont généreusement de retour. Plus que les premières pousses des narcisses et des perce-neige, plus que le développement des chatons du noisetier, plus que les boutons qui annoncent la prochaine floraison des hellébores, l'optimisme retrouvé des poules est notre meilleur signal du retour progressif des longs jours.

Choisir les hellébores en fleurs. Outre l'espèce sauvage (*Helleborus foetidus*) et l'hellébore blanche (*Helleborus niger*), la plupart des hellébores disponibles sur le marché sont des hybrides d'*Helleborus orientalis*.
Ils présentent une multitude de nuances de couleurs. Le mieux est donc d'acheter ces plantes en février ou en mars, lorsqu'elles sont en fleurs. Nous pourrons ainsi choisir les formes et les couleurs des floraisons. C'est un atout pour les associations dans un parterre car les hellébores n'aiment pas être transplantées.

Il m'arrive d'en rêver la nuit ! Je vis avec la crainte de me tromper dans les noms latins des plantes. Chaque fois que j'écris ces dénominations à wagons, je les relis avec attention, à l'affût de la moindre coquille.

La précision est capitale car les noms latins désignent chaque végétal de manière universelle. La première partie du nom indique le genre auquel appartient la plante. Le second terme définit l'espèce. Vient ensuite le nom de la variété apparue à l'état spontané ou le nom du cultivar obtenu par un sélectionneur. Lorsque la dénomination est complète, chaque passionné de plantes, quelle que soit sa langue maternelle, sait précisément de quel végétal il s'agit.

Essentiel dans l'information entre jardiniers et dans les travées des pépinières, le latin des plantes met nos mémoires à rude épreuve. Pétris de grec de cuisine ou de noms de botanistes, certains termes sont de véritables chausse-trappes. J'ai une grande admiration pour tous ceux qui parviennent à retenir par cœur tous les noms des floraisons de leur jardin, sans devoir pour autant associer une étiquette à chaque vivace. Moi qui conserve seulement l'identité de mes plantes dans un classeur, je cultive aussi les trous de mémoire.

J'oublie toujours le nom de la belle plante à feuillage noir : Ophiopogon planiscapus 'Nigrescens'. Mes absences m'obligent parfois à dire : "le penstemon rose" ou "l'astrance bordeaux". Mais en tournage avec mes collègues cameramen, l'apparence reste sauve. Comme, dans leur viseur en noir et blanc, ils ne peuvent distinguer le rouge du vert, je dois dire : "la plante à clochettes" ou "les petites fleurs avec une collerette". Mais c'est alors un double saut périlleux qu'effectue Linné dans sa tombe.

Comprendre le nom des plantes. Pourquoi a-t-on baptisé le plantain "Plantago" ? Parce que sa feuille ressemble à la plante d'un pied. Les noms des plantes sont souvent inspirés de leurs particularités. Salvia vient du latin "salvo", guérir, car la plante possède des propriétés médicinales. Coquelicot vient de "cocorico", onomatopée du cri du coq, la couleur rouge vif de la fleur rappelant celle de la crête de l'animal. Acer est le nom latin de l'érable car ce terme désignait déjà l'arbre dans l'Antiquité.

S'intéresser à l'origine du nom des plantes n'est pas sans intérêt. Car la connaissance des termes qui reviennent fréquemment dans la nomenclature constitue une aide précieuse pour mieux retenir l'identité de nos plantes. "Lutea" veut dire jaune, "fragilis" est employé pour les plantes qui se fanent rapidement, "purpurascens" définit des floraisons tirant sur le pourpre… Pour nous aider à comprendre les noms scientifiques, un petit dictionnaire est sorti récemment de presse. Grâce à lui, le nom des plantes et leur histoire n'ont plus de secrets.

Dictionnaire étymologique de botanique, François Couplan, éditions Delachaux et Niestlé, 238 pages.

CET OUVRAGE A ÉTÉ COMPOSÉ EN GARAMOND CORPS 12 ET FRUTIGER LIGHT CORPS 9 ET ACHEVÉ D'IMPRIMER LE 23 AVRIL 2001 CHEZ BETA À BARCELONE, ESPAGNE, SUR PAPIER PÉRIGORD MAT 135 G, POUR LE COMPTE DE ALICE ÉDITIONS, MICHEL DE GRAND RY, ÉDITEUR.